책, 꽃만큼 아름답고 밥만큼 소중하다

한 교사의 학교도서관 40년 분투기

책,

꽃만큼 아름답고

밥만큼

소중하다

이혜화 지음

한국출판마케팅연구소

책, 꽃만큼 아름답고 밥만큼 소중하다

한 교사의 학교도서관 40년 분투기

2007년 1월 15일   1판 1쇄 발행
2010년 11월 10일   1판 3쇄 발행

지은이   이혜화
펴낸이   한기호
펴낸곳   한국출판마케팅연구소
　　　　　출판등록 2000년 11월 6일 제10-2065호
　　　　　주소 121-842 서울시 마포구 서교동 464-46 서강빌딩 202호
　　　　　전화 02-336-5675 팩스 02-337-5347
　　　　　이메일 kpm@kpm21.co.kr
　　　　　홈페이지 www.kpm21.co.kr

인쇄   예림인쇄
총판   ㈜송인서적 전화 031-9500-900 팩스 031-9500-950

ISBN 978-89-89420-45-3 03020

말과 책 그리고 문명

지구상에 사는 동물의 종류가 대충 100만 종이라 하고 그 중 포유류만 4500종, 영장류만도 180여 종이 있다지만, 말을 하는 동물은 사람뿐이다. 인류와 침팬지의 유전자 차이는 많아봤자 2퍼센트 미만이라 하고, 그 차이는 말horse과 얼룩말zebra의 차이 정도에 불과하다지만, 영장류 가운데 가장 지능이 높은 이 동물도 말은 못한다. 그렇다면 '부족한 2퍼센트'를 풀 열쇠가 바로 언어 능력일 듯하다.

프랑스 사상가 파스칼은 『팡세』에서 '사람은 생각하는 갈대'라는 유명한 말을 했고, 생물학에서 쓰는 인류의 학명 호모 사피엔스 Homo sapiens도 '생각한다'는 특징 때문에 붙여진 명칭이다. 그런데 이 '생각한다'라는 두뇌활동의 중요한 도구가 바로 말이다. 여러 말 할 것 없이 인류가 만물의 영장으로서 우뚝 설 수 있었던 것은 말을 사용하기 때문이라고 해도 지나치지 않는다. 아울러 이 '말'의 시공간적 확장이 문자 기록이니 글이야말로 인류 문명/문화의 으뜸가는 공로자라 할 것이다. 동양에서 문명/문화라 하는 것에 굳이 '글월 문文' 자를 써서 '글로 밝히다文明' '글로 되다文化'라고 쓴 이유를 알 만하다. 이 점에서는 서양의 civilization(←계발)/culture(←경작)가 행위에 초점을 맞춘 데 비해 도구에 주목한 동양의 인식이 보다 정곡을 짚고 있다고 하겠다.

편집된 문자기록으로서 '책'은 지구상에서 인류가 살아온 흔적의 돋을새김이요 축적해온 문명의 지울 수 없는 기억이다. 기록 이전을 선사시대라 하듯이 책은 인류역사의 담보물이기도 하다. 그러므로 책을 읽는 독서 행위는 문명의 섭렵이요 역사의 추체험이다. 모든 지식과 정보의 보고이며 인간의 지적 갈증을 풀어줄 수 있는 용지불갈用之不竭의 샘이다. 그것은 가장 가슴 설레는 만남이요 기쁨이요 즐거움이다.

나를 키운 건 팔할이 책

조부모는 문맹자였고 부모는 인텔리였다. 부모는 두 분 다 내가 여덟 살이 되기 전에 세상을 떴고 나는 문맹자인 조부모 손에 컸다. 유소년기로부터 청년기에 이르도록 고독과 자기 연민의 늪에서 허우적거리던 나는 날마다 생명에 대한 '독한 회의'에 시달렸다. 거기서 나를 구원한 것은 책이었다. 출렁이는 내 어깨를 포근하게 감싸준 것도 책이요 쓰러진 나의 겨드랑이에 손을 넣어 일으켜 세운 것도 책이었다. 다만 나를 슬프게 한 것은 읽을 책을 구하기가 도무지 힘들었다는 사실이다. 그것은 번뇌의 본질인 갈애渴愛의 단계였다.

그래도 나의 성장에서 책을 빼면 남는 게 별로 없다. 미당未堂 식으로 말한다면 '나를 키운 건 팔할이 책'이다. 나로 하여금 고등학교 졸업장으로 고등학교 교사가 되게 한 것도 책이요, 제자와 나란히 야간대학에 진학하여 불혹에 학사모를 쓰도록 용기를 준 것도 책이요, 갖은 역경을 뚫고 마침내 박사학위를 받도록 나를 이끈 에너지 역시 책 하나만을 믿고 달린 독학의 저력이었다.

감히 간서치看書痴나 애서벽愛書癖을 자처할 처지는 아니나 초저녁잠이 많던 청소년기에 책만 구하면 밤새워서라도 다 읽어야 직성이 풀리던 버릇 때문에 '기름 닳는다' '전기세 많이 나온다'라는 어른들의 성화를 자주 들었다. 이런 병은 처자에게도 전염이 되나보다. 나를 만나러 찾아온 제자에게 기다리는 동안 무료함을 달래라고 아내가 내놓은 것은 다과 접시가 아니라 남편의 서장에서 뽑아든 책이었다. 초등학교에 갓 입학한 큰애가 방과 후 터덜터덜 돌아와서 처음 한 짓은 군것질이 아니라 아빠가 보는 민담책 읽기였다. 큰애는 그 책이 재미있어서 날마다 읽고 또 읽고 5번이나 통독했다고 한다. 지금 함께 사는 작은애를 보더라도 용돈 중에서 지출 비중이 가장 큰 것은 서적 구입비일 듯하다.

코뿔소 증후군이라고 부를까

추정치겠지만 2004년도 통계로, 국내 사교육비가 8조 원, 초·중·고생 유학 및 해외연수비(동반가족 생활비 포함)가 8조 원이란 보도가 있었다. 당해연도 국가 공교육예산이 4조 6000억이었다니까 국내

공교육의 테두리 밖에서 지출되는 비용이 얼마나 막대한가를 짐작할 수 있다. 물론 사교육비가 다 낭비일 순 없다. 해외 유학에 따른 지출도 투자 가치가 없지 않을 것이다. 그러나 사교육의 태반은 실력 있는 인재를 기르는 것이 아니라 입시선수를 기르는 것이다. 조기 해외유학은 국내보다 질 좋은 교육을 받기 위한 영재의 수월성 추구가 아니라 대부분 국내 경쟁 낙오자의 현실도피를 조장하는 일이다.

명문대 합격이란 절체절명의 목표 앞에서 학교는 학원과의 경쟁에서 패배했다. 학교교육은 불신 받고 교사는 무능한 집단으로 멸시 당한다. 입시상담조차 담임교사와 하지 않고 학원의 담당강사와 한다. 학교는 졸업장과 학교생활기록부의 알량한 권위만 부둥켜안고 근근이 버티고 있을 뿐이다. 이런 현상은 고등학교에서 중학교로, 다시 초등학교로 또는 유아교육에까지도 도미노처럼 파급되어 간다. 사람다운 사람, 쓸모 있는 사람을 기르는 진정한 교육은 사라지고 가엾은 2세들은 다만 황당한 제로섬게임의 희생자로 전락하는 것이다.

이게 아니라고 생각하던 사람들, 이래선 안 된다고 주장하던 사람들도 자기 자식의 당면문제가 되면 속속 손을 들고 만다. 마침내 학교조차 대세를 거스르지 못하고 이 게임에 올인한다. 교육은 실종되고 시험 선수만 양산되며 인재 양성은 물 건너가는 것이다.

이오네스코의 희곡『코뿔소』가 생각난다. 코뿔소로 상징되는 혐오스런 집단본능 앞에 사람들이 하나, 둘 패배하여 코뿔소로 변신

하더니 마침내 신분과 연령, 성별을 가릴 것 없이 온 마을 사람들이 모두 코뿔소가 되어 거리를 휩쓸고 질주한다. 끝내 코뿔소가 될 수 없었던 주인공 베랑제는 "거리에는 온통 코뿔소뿐이로군!" 하고 탄식을 하기도 하고 "그자들은 모두 미쳤어. 세계는 병들어 있다구. 모두가 미친놈들이야!" 하고 절규한다. 결국 사랑하던 여인까지 거리로 달려가 코뿔소로 변신하자 처절하게 외친다. "난 나를 지키겠어! 저들 모두에게 대항해서 나를 지키겠어! 난 최후의 인간이다! 난 마지막까지 인간으로 남겠다!" 과연 마지막까지 인간으로 남을 학부모, 끝까지 코뿔소가 되기를 거부할 교육자는 몇이나 될까?

인간의 얼굴을 한 교육

한때 '인간의 얼굴을 한 사회주의'가 유행어처럼 번졌지만, 우리 학교도 '인간의 얼굴을 한 교육'을 표방해야 하지 않을까 싶다. 우리 학생들은 도무지 행복해 보이지 않는다. 행복한 미래를 위해 불행한 학창생활을 보내라니 이게 어디 어른들이 할 짓인가. 자본주의도 좋고 신자유주의도 이해 못 할 바 아니지만, 소수만이 승리하고 대다수가 패배하도록 되어 있는 이 시스템의 들러리가 되기 위하여 불행을 감수하라니 말이 안 된다. 이런 교육은 같이 나누어 먹을 파이도 키우지 못하면서 보상받을 길이 없는 대다수 패자들의 상처만 키울 뿐이다. 미국의 홈스쿨링 운동가 존 테일러 개토의 말대로 '쓸데없는 경쟁을 통해 아이들을 바보로 만드는 지옥'이 학교일

수는 없다. 어른들이 기껏 '아이들의 장래를 위해 불가결한 필요악'으로 공교육의 존재가치를 설득해야 한다면 참담한 얘기이다.

나는 학교에서 선생님들로부터 배운 것보다 책을 통해 혼자 배운 것이 훨씬 많았다. 이 말은 학교나 선생님의 역할을 낮게 평가하려는 것이 아니라 학교와 선생님의 역할을 확대하라는 메시지이다. 이제 학교는 보다 적극적으로 학생의 '책읽기' 환경을 만들어주고 교사는 독서 지도에 발 벗고 나서야 한다는 말이다.

'산업혁신포럼 2005'를 위해 내한한 미래학자 앨빈 토플러는, 부를 창출할 원동력은 교육이므로 한국경제의 미래는 교육혁명에 달렸다고 역설했다. 국가경제에 필요한 노동자를 생산하는 '공장' 같은 획일주의 공교육을 비판하면서, 동질성을 강조하는 교육이 아니라 이질성을 강조하는 교육이 되어야 한다고 했다. 학생을 개인individual으로 대우해 주어야 새로운 아이디어를 내놓을 인재를 기를 수 있고, 그들 혁신가innovator들이 미래 경제를 주도할 것이라고 했다.

그렇다. 개별화 학습의 최상은 맞춤식 독서이다. 창조적 혁신가를 양성하는 지름길은 독서이다. 만인을 짓밟고 올라서는 개인의 출세가 아니라 만인이 함께 누릴 수 있는 양질의 삶을 성취하기 위하여, 또는 국부를 창출하고 인류공영에 이바지하기 위하여 책을 읽혀야 한다.

나의 작은 목소리

40년 가까운 교직 생활에, 교사·전문직·교감·교장으로 골고루 현장에 있었다. 그리고 대학 강단에 10여 년을 서 보았고, 성인교육에도 숱하게 나섰다. 부끄럽고 후회스런 일이 어찌 없겠는가. 그래도 나는 작은 목소리로 내 교육 생애를 남들에게 들려주고 싶다. 그래서 쓰고 말한다.

하나는, 내가 어린 시절부터 나의 지식과 학문을 어떻게 길러왔는가, 그 과정에서 성취동기와 환경의 괴리로 얼마나 힘들었는가, 그리고 책이 나를 만드는 데 얼마나 크고 많은 구실을 했는가를 증언하고 싶다.

둘은, 교육의 문제를 짚고 가야겠다. 우리 공교육의 지난 공과를 한두 마디로 논평할 수는 없다. 하지만 지금의 모습이 이상은 물론 정상과도 멀리 떨어져 있음을 부정하기 힘들다. 감히 처방이라고까지 말하지는 않겠지만, 수수께끼 같은 교육의 현실을 타개하고자 애쓴 작은 몸짓이나마 보여주고 싶다. '팔로우 미!'를 외치며 횃불 들고 나설 용기는 없더라도, 반딧불 같은 희망을 얘기할 자부심은 있기 때문이다. 조금 낯선 것일지 모르지만, 세상에서 관심 기울일 만한 것, 사람들의 흥미를 끌만한 것이 없지 않다. 그 가운데는 학교에서 하는 평생교육 프로그램의 성공담도 있다.

셋은, 학교도서관이 벽에 부닥친 우리 공교육의 활로를 여는 데 어떤 구실을 할 수 있는가를 보여주고자 한다. 남보다 좀 먼저 시작하여 얼마쯤 성취를 얻어냈지만, 이제 학교도서관은 보편적 교육환경이 되었다. 마을에도 병영에도 도서관운동이 번져가고 있고, 언론의 관심도 꽤 커졌다. 그러나 물량적 확대, 통계적 성공 뒤에 감추어진 고민과 실패는 도서관의 앞날이 아직도 불안하고 불투명하다는 증거이다. 나의 체험적 도서관 이야기가 행여 도움이 되었으면 한다.

| 차례 |

들어가며   5

교육의 수수께끼 1   15

교육의 수수께끼 2   25

꿈꾸는 음모 1   37

꿈꾸는 음모 2   47

다시 도전하는 도서관 1   57

다시 도전하는 도서관 2   67

성공하는 도서관의 조건 1   77

성공하는 도서관의 조건 2   89

도서관 평점 A플러스 1   99

도서관 평점 A플러스 2   109

성장기의 독서편력 1   119

성장기의 독서편력 2   129

상아탑의 층계 1   139

상아탑의 층계 2   147

학교도서관, 그 내공의 기억 1   157

학교도서관, 그 내공의 기억 2   169

미래를 여는 독서교육 1   179

미래를 여는 독서교육 2   189

못 다한 이야기 1   199

못 다한 이야기 2   211

마치며   221

부록   231

__ 학교도서관 운영사례

__ 독서이력철 갈등의 해법은 없는가

__ 사람은 공간을 만들고 공간은 사람을 만든다

__ 존경하는 교장선생님께

교육의 수수께끼 1

2005년 2월 28일, 경기도교육청 강당에서 훈장전수식이 있었다. 만 23세를 한 달 남짓 넘기고 고등학교 교단에 선 내가 62세에서 열흘을 넘기고 정년을 맞았으니 햇수로는 40년에 육박하는 세월이다. 40년을 채웠더라면 황조근정훈장인데 그에 조금 못 미쳐 홍조근정훈장이란다. 어쨌건 이 기나긴 시간을 교육이랍시고 했지만, 정작 교육을 명제로 정리하여 자신 있게 답변할 말이 없다. 물론 이렇게 말하는 속내는, 양심상 내 40년의 생애를 담보하고 그럴 듯하게 교육을 정의할 염치가 없기 때문이다. '사랑'의 정의를 내려 보라면 유행가 가사라도 끌어다가 '눈물의 씨앗'이라고 농이라도 하겠지만, 막상 누가 '교육이 무어냐고 물으신다면' 장난삼아서라도 할 말이 마땅찮다. 고인들이 "사랑이 어떻더냐 둥글더냐 모나더냐?" 하며 사랑이란 심리의 정체를 파악하기 어려워했던 것만큼이나 교육 역시 똑 부러지게 설명하기란 지난하다.

육하원칙을 원용하여 '누가, 언제, 어디서, 무엇을, 어떻게, 왜'를 놓고 보더라도 어느 하나 명쾌하게 정답이 나온 것은 없다. 뒤엣것

세 가지는 그렇다 치더라도 앞엣것 셋은 논란의 여지가 없을 듯했는데 공교육이 흔들리면서 그것들조차 정답을 내놓을 수 없게 돼버렸다. 그렇지만 교육가족들을 상대로 아는 체를 할 때 나는 곧잘 이런 식으로 말했다. "교육은 사람농사다. 수확하고자 하는 것은 '사람다운 사람'과 '쓸모 있는 사람'이다. 전자는 필요조건이고 후자는 충분조건이다."

교감은 교직의 꽃

동서양의 성현들이 추구한 것이 이상론으로서 '사람다운 사람' 즉 인격자였다면, 세상에서 요구하는 것은 현실론으로서 '쓸모 있는 사람' 즉 능력자 쪽에 좀더 비중을 두는 것 같다. 둘의 선후나 경중을 안 가릴 수는 없겠으나 우리가 목표로 하는 인간상은 이를 선택적으로 수용하는 것이 아니라 둘을 겸비하는 것이다. 목표를 이렇게 설정하고 보면 교육의 기능 역시 본질적인 것과 수단적인 것으로 나누어 설명할 수 있다.

1995년 3월, 교직 생활 30년이 가까워서야 교감으로 승진하여 다시 학교현장으로 나올 수 있었다. 교감이란 직책 또는 교감직에서 근무하는 기간을 '교직의 꽃'이라고 부르는 이들이 있다. 이는 꽃처럼 아름답다거나 꽃처럼 사랑받는다는 뜻보다는, 교장으로 나아가는 전 단계이니 식물의 일생으로 비유하면 교사는 잎이요 교감은 꽃이요 교장은 열매라는 식의 소박한 발상에서 나온 말이 아닌가

16

싶다. 그렇더라도 나는 20대에 준교사(자격검정고시 출신은 준교사부터 출발한다)로 들어와 2급 정교사, 1급 정교사를 지나고 전문직까지 거쳐 50대에 어렵사리 도달한 자리인 만큼 교감 시절을 정말 교직의 꽃으로 가꾸고 싶었다. 그리고 나는 누구처럼 '준비된 대통령'까지는 안 돼도 '준비된 교감'이라고 자부했다. 그도 그럴 것이 20여 년의 교단교사 생활로 경험을 축적했겄다, 6년의 교원연수원 근무로 이론적 내공을 쌓았겄다, 게다가 무려 10년의 수학修學으로 박사 학위란 권위까지 갖추었으니 그까짓 교감이 대수냐 싶었다.

내가 발령받은 곳은 경기도 일산, 신도시 개발로 신설되는 일산동고등학교였다. 가서 보니 교문도 없고 담장도 없는 데다 겨우 철근이 삐죽삐죽 나온 2층짜리 슬러브 교사가 전부였다. 운동장엔 아직도 불도저가 땅을 고르고 있는데, 12학급인가에 모집 정원이 552명이지만 모인 학생은 겨우 130명이었다. 질척한 흙이 신발에 악착같이 달라붙는 운동장에 패잔병처럼 추레한 모습으로 웅기중기 모여선 그들을 보며 그래도 "저 가엾은 애들을 멋지게 교육해서 일류학교를 만들어보리라" 하는 비장한(?) 각오를 마음속으로 다졌다. 그러나 정작 그들은 학교에 소속감도 없었거니와 애초부터 이 학교에서 공부해 보겠다는 의욕도 없었다. 그도 그럴 것이 대부분 입시에 실패하고 당장은 오도 가도 못할 처지에 온갖 수모를 무릅쓰고 추가 모집으로 들어온 학생들이니, 학적만 얻고 나면 어떻게든 딴 학교로 가겠다고 벼르고 있었던 것이다. 아니나 다를까 입학식이 끝나기 무섭게 서울로 전학하겠다고 학부모 두엇이 찾아오더니 이

튿날부터 줄줄이 전출 신청자가 몰려드는데 감당할 수가 없었다. 서울 연합고사에 떨어지고 전학 자격을 얻기 위해 징검다리 삼아 입학한 애들이 절반이었다. 별 수 없이 전출 불허를 선언하였다. 교감이 하는 일은 그들을 설득하여 주저앉히는 일이었는데, 말이 설득이지 모르쇠로 억지를 부리면서 그들의 기도를 좌절시키는 것이 전부였다.

날마다 학부모와 전학 문제로 버거운 입씨름을 했고, 어떤 때는 자존심을 시집보내고 봉변도 감수해야 했다. 어쨌건 개교하자마자 문 닫을 순 없지 않은가. 교육부니 청와대니 있는 연줄을 총동원하여 압력을 가하는 이, 교육법까지 들먹이며 불법성을 질타하고 징계를 받게 하겠다고 협박하는 이, 숫제 교무실 바닥에 주저앉아 승낙을 안 하면 물러나지 않겠다고 생떼를 부리는 이. 여기까지는 어렵사리 참았지만, 직속 상부인 도교육청에서 담당 장학사가, 왜 전학을 허락하지 않느냐, 공문을 몇 번이나 보냈는데 그것도 못 보았느냐고 호통 칠 때는 화가 났다. 저도 민원에 시달리다 못해 하는 소리겠지만, 어쩌자고 앞뒤 재지도 않고 이런 데다 학교를 열어 이 고통을 받게 하는가, 위로를 받아도 시원치 않을 판인데 말이다. 그래도 나는 '준비된 교감'으로서의 초심을 잃지 말자고 안간힘을 썼다.

이런 놈의 학교가

조금 버티고 있자니까 또 이런 난리가 없다. 온갖 부적응아들의 집

18

합소로서 시너지 효과가 발동했을 법도 하고 전학 길이 막히니 홧김에 더 그랬는지 모르겠지만, 그들은 가지가지 비행을 골라가며 저질렀다. 결석과 지각은 기본이고, 교사 안팎이 온통 담배꽁초로 지저분했다. 여북하면 담배 안 피는 교감이 날마다 하루 두 차례씩 꽁초 줍는 일을 기본 일과로 삼고, 학생주임과 학교장이 수십 년씩 피우던 담배를 솔선하여 끊었겠는가. 학교에서 단속이 심해지자 이번에는 이웃에 사는 주민들의 아우성이 낭자하다. 하루는 인근 아파트 관리인과 주민자치회장이란 분이 식식거리며 찾아오더니 분통을 터뜨렸다. 아파트 주변이나 계단, 지하, 옥상 또는 주차장과 놀이터 가릴 것 없이 우리 애들이 와서 담배를 피우고 술 먹고 본드 마시고 초등학생 돈까지 뺏는데다 남녀 학생의 풍기가 엉망이고, 심지어 변까지 아무데나 보니 주민들의 원성이 자자하다는 것이다. 슈퍼마켓에선 파는 것보다 도둑맞는 물건이 더 많다며 우리 애들은 제발 매점에 안 왔으면 좋겠다고 했다.

"교사만이 교육을 하는 것은 아닙니다. 부모며 사회가 함께 책임을 져야 합니다. 애들이 잘못하면 어른이 나무라고 고쳐 주어야지 학교만 나무라면 어쩝니까?"

이런 교육원론이 통할 리 없다. 주민들은 우리 애들이 도무지 말도 못 붙이게 겁난다고 했다. 그럴 만도 하다. 애들이 술 먹고 깊은 밤에 아파트 단지 안에서 고래고래 소리를 질러대서 한 주민이 소란 떨지 말라고 나무랐더니 그 집 승용차를 박살낸 적도 있으니까 말이다. 부끄러운 얘기지만, 담임을 죽인다는 남학생의 협박에 출근하기가 두려워 벌벌 떠는 여교사가 있는가 하면, 교문 출입을 통제하던 남자 주임교사 한 분은 학생한테 면상을 구타당해 며칠 간 출근도 못했다. 이러니 '20여 년의 교단교사 생활로 축적한 경험'이나 '6년의 교원연수원 근무로 쌓은 이론적 내공'도 무력할 판에 '10년의 수학으로 얻은 박사 학위'가 도대체 어디 써먹을 권위겠는가. 결국 팔을 걷어붙인 채 학생들과 정면 승부를 보기로 작심하고 교장과 교감이 교실마다 순회하며 설득하는 프로그램을 가동했다. 그러나 고심 끝에 마련한 이 회심의 '특강'이 또 얼마나 무모한 해프닝으로 끝났는가 모른다. 버림받은 낙도 중·고등학교의 교육을 성공으로 이끌었다는 자부심에 넘친 60대 교장이 먼저 손을 내둘렀고, 이어서 같잖은 자존심으로 중무장한 50대의 '준비된 교감' 역시 손을 들었다. 교장과 교감의 충정 어린 호소도 다부진 꾸중도 계란으로 바위치기였다. 그들이 두려워하는 것은 오직 물리적 폭력뿐이었다.

어디 그뿐이랴, 학교 문을 닫지 않으려고, 전학을 오겠다는 학생이면 무조건 쌍수로 환영하다 보니 딴 학교에서 사고를 저지르고 권고 전학으로 오는 학생, 중퇴 또는 재수 전력이 있는 학생이 상당수였다. 학교는 점점 열등생의 집합소, 부적응아들의 아지트처럼 되었다. 이윽고 보이지 않는 학교 폭력이 난무했고, 견디다 못한 학생들이 자퇴를 하거나 다시 전학을 가는 등의 악순환이 되풀이되었다.

고양이새끼를 호랑이로

연말이 다가오자 새 학년도 신입생 12학급을 모집할 일이 암담했다. 이 무렵 이상한 소문이 나돈 것도 전혀 무리는 아니다. 이상한 소문이란 다름이 아니라, 주민들이 부녀회를 중심으로 일산동고에 자녀 안 보내기 연판장을 돌리고 있다는 것이다. 그들이 오죽했으면 그러랴 싶기도 했지만, 학교 쪽에서는 기가 막힐 노릇이었다. 더구나 신설학교로서 지역의 변두리에 자리 잡고 있다 보니 중학교 3학년 담임들조차 이 학교의 존재를 몰랐다. 하기야 시내 20여 개나 되는 고등학교 중에 이 학교를 주목할 이유는 아무것도 없다. 결국 다시금 모집정원에 크게 미달하여 신입생 모집 미달률이 경기도 전체에서 첫째가는 학교가 되었다. 그들의 입학성적이 어떨 것이냐는 물어보나 마나다. 게다가 등교 거부, 집단 가출, 조직폭력, 음주와 흡연은 그렇다 치고 강·절도와 강간사건에 오토바이 폭주로 죽고 다치는 사고까지 빈발했다. 문제 가정도 많아서 부자 갈등으로 아버지가 아들을 찔러 죽인 사건도 일어났다. 여북해 담당 장학관을 만나서는 이 학생들을 '대안학교'로 보내는 것밖에 다른 방도가 없다는 하소연을 했을까. 실제로 대안학교의 원조 격인 영산성지고등학교(전남 영광 소재)를 방문하여 상담도 했고, 영산원불교대학(영산선학대학의 전신)에서 마련한 청소년지도자교육 일주일짜리 연수에 교감과 교사가 2년 연속 참여하기도 했다.

아무튼 이 정나미 떨어지는 학교에서 교사들조차 기회 닿는 대로 떠날 궁리를 했고 나에게도 자리를 옮기라는 유혹이 안팎으로 있었다. 그때 나는 '교육'이란 것에 대해 새삼스레 성찰해 보기도 하고, 학교교육에 대한 진한 회의도 경험해 봤다. 그래도 그냥 물러나기엔 내 자존심이 허락하질 않았고, 승부근성 같은 것도 발동했다.

이런 최악의 상태에서 우리는 탈출구를 모색했다. 다행이라면 다행인 것이, 학교장은 인품이 원만한 분으로 학사운영에서 교감의 주도적 역할을 보장하고 있었다. 나는 학생들과 선생님들이 이 학교에 일단 마음을 붙이는 것, 즉 긍정적 소속감이 급선무라고 생각했다.

같은 시내의 명문고는 200점 만점의 입학시험에 190점대가 커트라인인데 이 학교에선 30점짜리까지 합격하는 어이없는 결과로 풀이 죽은 선생님들! 나는 그들의 사기를 올려주고자 해괴한(?) 캐치프레이즈를 내걸었으니 "호랑이새끼를 얻어 호랑이로 키우는 것은 누가 못 하랴. 우리 학교는 고양이새끼를 얻어 호랑이로 키우는 일을 해낸다."였다. 이것이야말로 교육이라고 강변했는데 그게 맞는 말인지 어불성설인지는 아직도 잘 모르겠다.

위기 탈출 프로젝트

무기력에 빠져 자조할 뿐 희망을 잃은 학생과 학부모들을 설득하려 내세운 캐치프레이즈는 '일류를 지향하되 꼴찌도 버리지 않는 학교'였다. 초기의 온정주의를 버리고 엄정주의로 태도를 바꾸어 학생 처벌을 강화하는 한편, 학교 정체성에 관한 작업으로 교표를 만들고 교가를 짓고 교훈을 만들고 교복을 선정하는 등 의례적이긴 하지만 의도적인 작업들에 심혈을 기울였다. 각별한 정성으로 체육대회니 축제니 하는 것도 열고 특색 있는 교지도 만들었다. 축제 때는 이웃에 있는 서울방송SBS을 끌어들이고 홀트 복지타운의 장애인을 초대하고 주민을 위한 세일 바자를 주선하는 등 지역사회와 주민에 친화적인 프로그램을 강화하였다. 홀트 복지타운과 연간 계약을 맺고, 먼저 교직원 전체를 인솔해 가서 중증 장애아들을 돌보는 복지사들의 헌신적 활동을 참관하며 사회복지에 관한 단기교육을 받도록 했다. 그러고 나서 지도교사가 매주 학생들을 한 학급씩 동원하여 돌려가며 일 년 내내 봉사활동을 했다. 내 나름의 의도는 선생님들이 중증의 복합장애아들을 돌보는 복지사들의 모습을 보며 열등한 학생들을 가르치는 사명감을 북돋울 수 있었으면, 그리고 학생들에게 자존 및 자애 의식을 심어주는 것이다.

학생 지도와는 별도의 위기 탈출 프로젝트를 두 갈래로 추진하였다. 하나는 지역사회, 특히 학교 주변 주민들과 우호적인 관계를 이룩하는 일이요, 최악의 경우라도 거부를 당해서는 안 되겠다는 것이었다. 1996년, 중등학교 어느 곳도 관심두지 않던 시절에 우리는 주민을 상대로 평생교육 프로그램을 실시했다. 물론 교육적 소신에 근거한 것이기도 했지만, 현실적인 부수효과를 염두에 둔 것도 사실이다. 주민들을 학교로 끌어들이지 않으면 학교에 대한 거부감을 완화하기 힘들다고 보았기 때문이다. 처음엔 기초 한문반과 컴퓨터반을 개설하여 주민들에게 무료강좌를 제공하였다. 한문반은 내가 맡았고, 컴퓨터반은 담당교사를 설득하여 맡겼다. 주민들이 제법 모여 들었고 우리는 사심 없이 봉사하였다. 이 프로그램 덕분에 이듬해에 우리 학교는 경기도에서 최초로 교육감 지정 평생교육 시범학교를 맡게 되었다. 여성단체와 협력하여 새로이 영어회화반, 일어회화반, 한국무용반, 요리반, 홈패션반, 스텐실반, 퀼트반, 뒤에는 제과제빵반까지 개설하였다. 주민들 150여 명이 수강생이 되어 수시로 학교를 드나들자 학생들의 태도도 조심스러워졌다. 학교의 평생교육 소식이 지방신문뿐 아니라 중앙지에까지 소개되면서 주민들의 호응도 늘어났다. 1997년 11월에는 교육청과 학교 현장에서 온 많은 손님들을 대상으로 시범 발표도 그럴 듯하게 했다. 학교를 내 집처럼 드나들기 1년 남짓에 주민들은 마침내 학교의 프러포즈를 수락했다. 그들은 일산동고등학교를 '우리 학교'로 받아들이면서 한 가족이 되어간 것이다.

교육의 수수께끼 2

대학원에서 헐레벌떡 공부하던 시절, 사람을 제대로 알아보지 못하여 내게 훗날 부끄러운 추억(?)을 남긴 두 인물이 있다. 한 사람은 전형적 먹물이고 한 사람은 전형적 광대였다.

1983년 6월 중순쯤으로 기억하는데 한국일보사 12층 송현클럽에서 한학자 우전雨田 신호열辛鎬烈 선생의 고희기념연이 있었다. 우전에게 한학을 배운 제자를 비롯하여 학계의 쟁쟁한 교수와 박사급 학자 기백 명이 참석했다. 나는 당시 사간동에 있던 선생 댁으로 시경詩經을 배우러 다니던 무렵이라 말석에나마 참예하게 되었다. 음식이 차려진 연회용 식탁을 가운데 두고 모두 앉았는데, 간단한 의식을 하고 나서 사회자는 명창 김소희의 축창이 있겠다고 예고했다. 단정하게 잘 빗어 쪽진 머리에 옥빛 비녀, 옥색 치마저고리, 한 손으로 치마꼬리를 가볍게 잡고 다른 편 손에 접부채를 쥔 채 자그마한 노파가 조신하게 걸어 나왔다. 화면이나 사진이 아니라 가까이서 직접 그녀를 보기는 이때가 처음이었다.

먹물과 광대의 뒤틀린 만남

그녀가 창을 하러 앞으로 나서자, 누가 뭐라 하지도 않았는데 앉았던 손님들이 일제히 자리에서 일어났다. 나도 얼결에 따라 일어섰다. 그녀는 손님들에게 자리에 앉으라고 두어 번 권하였지만, 아무도 자리에 앉을 생각을 하지 않았다. '아무도'라고 했지만, 솔직히 말하자면 나는 좀 달랐다. 일어나서 맞이했으면 예는 갖췄으니 그쯤에서 앉아도 되지 않을까 생각했던 것이다. 그러나 모두 선 채로 있었고, 그녀는 판소리 한 대목을 불렀다. 심청가였는지 흥보가였는지 기억은 안 나지만 창을 하는 동안 참석자들은 앉기는커녕 숨소리도 크게 내지 않은 채 경청했다. 박수를 치고 음식을 먹고 기념논문집을 받아가지고 나오는 것으로 그 잔치는 끝났지만, 나는 그때 상당한 충격을 받았다. 군사독재에 신물이 난 데다 군대생활을 수도경비사(수도방위사 전신) 보조헌병으로 지내면서 군사문화에 역겨움을 축적한 나로서는 아무리 명창이라지만 이 대단한 먹물 떼가 자존심도 없이 소리 한 대목 듣는데 그렇게까지 얼어(?) 가지고 서 있어야 했던가 싶었다. 판소리가 무엇인가? 퍼포먼스가 섞인 당대의 대중음악에 불과하지 않은가! 비록 최근세에 흥선대원군이나 고종 같은 집권층의 사랑까지 받았다지만 기껏해야 비천한 광대들의 소리가 아니던가 말이다.

원불교의 교조 소태산 박중빈朴重彬의 가사 작품에 매료되어 「원불교가사시론圓佛敎歌辭試論」을 쓰던 무렵, 나는 소태산가사에 곡을 붙여 김소희가 부른 카세트테이프를 가지고 있었다. 몇 번 들어도 내 딴에는 그다지 신통해 보이질 않았다. 어느 교수가 테이프를 탐내기에 이 회귀한 자료를 아까운 줄 모르고 주어버린 것도 그런 평가와 무관하지 않다.

그 후 우전 선생이 사간동 비좁은 한옥을 떠나 성산동의 널찍한 집으로 이사한 뒤, 나는 당송의 명문을 배우러 선생 댁을 드나들었다. 그때 우전이 한유韓愈의 '논불골표論佛骨表'를 강하며 불교를 폄하하는 발언을 거듭하는 것에 발끈해서 선생에게 멱살잡이 식의 버릇없는 항의를 했던 기억도 새롭다. 한 번은 무슨 일로 찾아가서 선생과 단둘이 있는데 김소희가 꽃단장에 토종꿀 한 상자를 들고 선생을 찾아왔다. 주고받는 말투로 보아 첫눈에도 꽤 친해 보였다. 우전 선생과 둘만의 시간을 침해당한 듯해서일까. 나는 시큰둥해서 우전에게만 인사를 하고 나와 버렸다.

그 뒤 언제부턴가 나는 한학과 함께 국악에 깊은 관심을 갖게 되었고, 특히 판소리를 좋아하게 되자 김소희에 대한 어쭙잖은 대면이 참으로 후회스러웠다. 더구나 내가 교감으로 나온 해에 그녀는 타계했고 우전 선생은 이미 이태 전에 고인이 되었다.

아카데미즘을 존대하는 먹물들의 오만은 종종 광대나 운동선수, 기술자, 저널리스트 등을 멸시하는 버릇으로 나타난다. 이는 같은 예술 중에서도 대중예술을 백안시하는 태도에서 더욱 두드러진다. 그러나 나는 자신이 실용성 없는 학문을 했다는 자격지심 때문인지는 모르나 학예적 순수성 못지않게 실용적이고 대중적인 것에 후한 평점을 주게 되었다. 그리하여 아카데미즘 못지않게 테크놀로지나 저널리즘을 평가하고, 스포츠나 대중예술을 비하하는 태도를 교정하는 성과도 거두었다.

모여라 푸른 둥지로

평생교육 프로그램과 함께 일산동고 위기 탈출 프로젝트로서 선택한 또 하나의 방안이 학교 존재를 알리는 홍보 전략이었다. 이 전략은 다행히도 앞에서 언급한 내 소신과 잘 맞아떨어졌다. 때마침, 문화방송의 학생드라마 〈사춘기〉의 주인공 역으로 사랑받은 탤런트 정준이 일산으로 이사하면서 일산동고로 전학을 희망했다. 안성맞춤 아이디어가 떠올랐다. 때는 청소년들 사이에 가수, 탤런트, 댄서, 배우 등 인기직업에 대한 선망이 폭발적으로 늘어나면서 이들 신종 광대 지망생들이 우리 교육계에 처치 곤란한 골칫거리, 구박데기로 등장하던 판이다.

예술계 고등학교가 있다고는 하나 전국적으로 국·공·사립 20여 개의 예고 가운데 이들 대중예술 지망생을 수용할 만큼 열린 곳은, 지금도 사정은 마찬가지지만, 전국적으로 거의 없었다. 그렇다면 일반계 고등학교에서 이들을 수용할 수밖에 없다. 이들을 위한 별도의 교육과정이 없다면 최소한 학적은 주고 자기들의 재능을 펼수 있도록 배려해야 하지 않겠는가. 박정희 정부 이래 '국위선양'이란 잣대 위에 체육 특기자에게만 특혜를 베풀 뿐 새끼광대들에겐 왜 그리 인색한 것인가. 많고 많은 고등학교 가운데 이들이 열망하는 광대의 꿈과 끼를 키워줄 학교가 그렇게 없다면, 일산동고가 먼저 나서 둥지 노릇이라도 해보자고 생각했다.

나는 교육계나 사회가 가지고 있는 기성 편견에 저항하면서 그 생각을 이런 시로 엮어 합리화하고 홍보에 쓰기도 했다.

고봉산 줄기 한 자락 깔고
우리 여기에 푸른 둥지를 틀었노라
남과 같이 혹은 남과 다르게
색동 깃발 흐드러지게 휘날리며
한 바탕 꿈의 마당을 펼쳤노라

우리에겐 자유가 있다
좋은 것을 찾아 열광할 자유
싫은 것을 피해 사양할 자유
지치도록 뛰어 놀 자유
지치며는 쉴 수 있는 자유

그리고 우리에겐
꿈을 꿀 자유가 있다
아버지가 명령한 꿈이 아니라
어머니가 소망한 꿈이 아니라

선생님이 가르친 꿈이 아니라

우리 가슴에서 뜨겁게 뜨겁게

가꾸어 온 꿈

그 꿈을 꿈꿀 자유가 자유가 있다.

날라리 광대들 총집합

차별화랄까 특성화랄까 아무튼 이런 교육철학과 전향적 자세가 구체적 결실을 얻어갔다. 나는 경기도 교육청의 담당 장학관과 숙의하고 돌아와 학교 성적관리규정의 일부를 별도 내규로 만들었다. 연예인 등 특기자의 의무 수업일수나 성적 산출 방식에 관한 것이었다.

정준은 텔레비전 연속드라마 촬영 때문에 처음에는 한 주일에 이틀을 빠지더니 인기가 오르자 사흘 나흘까지 빠지는 날이 생겼다. 나는 합법적 테두리 안에서 제도적으로 뒷받침하며 그야말로 팍팍 밀어주었다. 대신 그는 방송 인터뷰나 신문, 잡지 기사에서 자기가 다니는 학교가 일산동고등학교임을 줄기차게 밝혔다. 그의 인기와 함께 학교는 절로 홍보가 되었다. 특히 청소년들이 저희들 좋아하는 연예인이라면 생년월일, 신장, 체중, 혈액형, 취미까지 줄줄 꿰는 마당에 다니는 학교를 알고 싶어 하는 건 애들말로 '당근'이다. 정준의 전학 이듬해, 서울방송 청소년드라마 〈공룡선생〉에서 인기를 누리던 탤런트 김소연이 신입생으로 입학했다. 그도 빈번하게 매스컴을 타면서 학교 홍보에 한몫을 톡톡히 해냈다. 어느새 전국에서 팬레터나 팬 전화가 오고 직접 학교로 쳐들어오는 극성팬들도 생겨날 정도로 학교는 유명해졌다.

광대 지망생들을 우대한다는 소문이 나면서 동병상련을 앓던 매니저며 부모들이 여기저기서 찾아들었다. 한두 해 사이에 새끼광대 전학생과 신입생으로 학교가 북적거렸으니 탤런트, 배우, 가수는 기본이고 엠시, 모델, 백댄서, 치어걸 지망생에 심지어는 미인대회 출전 준비생까지 끼가 있는 온갖 '날라리'들이 몰려왔다. 고상한 먹물들이야 잘 모르겠지만, 유피의 멤버 박상후나 이정희, 지오디의 메인 보컬 김태우 같은 가수들과 이혜련(요새는 가수 유니로 더 뜨는 모양) 같은 탤런트도 그때 왔다. 정준과 김소연이 남녀 주인공으로 나온 〈체인지〉라는 청소년 영화가 화제를 뿌린 것도 그 무렵이다.

신입생 모집에서 절반 채우기에 급급했던 학교는 이제 12학급이 꽉꽉 찼다. 그런데 학교 홍보가 너무 잘 돼 부작용도 없지 않았다. 일산동고등학교가 연예인 학교라고 소문이 나더니 급기야 예술고등학교로까지 승격(?)한 것이었다. 서울방송 제작센터가 같은 동네에 생긴 것도 관련이 있지만, 학교 배경의 드라마 등에 장소 제공을 몇 번 하고 보니 한국방송, 문화방송 할 것 없이 촬영협조 요청이 빈번해졌다. 또 헛바람 든 날라리들이 기껏해야 단역 아니면 엑스트라 구실밖에 못하는 처지에 촬영 핑계로 빈번히 조퇴나 결석을 하는 바람에 통제하기 쉽지 않았다. 아무리 스타라도 올챙이 적부터 주역을 거머쥐었으랴 싶어 격려 차원에서 사정을 봐주다 보니 제도를 악용하는 경우도 없지 않았던 것 같다.

그러자 학부모나 교사 간에 광대 지망생들을 마뜩찮게 생각하는 흐름도 생겼다. 그 학생들이 대부분 자유분방하고 규율이나 통제를 싫어해서 고삐 풀린 망아지처럼 아슬아슬했다. 일반계 고등학교로서 대입 진학이란 지상과제에 죽으나 사나 공부, 공부만 외치는 판에 그들은 이물질처럼 겉돌 수밖에 없었다. 아예 예체능반이라고 하여 학급을 별도로 편성했다. 이런 분위기에서 전입을 거절당한 선의의 피해자들도 생겨났다.

이정현 같은 경우가 그 본보기다. 그는 광주민주화운동을 다룬 영화 〈꽃잎〉에서 주연을 했고 가수로는 아직 데뷔하기 전이었는데, 학과성적도 좋고 태도도 바람직하여 전입을 받아들이려 했지만 우여곡절 끝에 결국 포기했다.

연금술사의 가마솥

개교 3년차에 교지를 내면서 나는 권두시를 썼다. 그 가운데 이런 대목이 있었다.

어제는 질펀하게 터를 닦더니
오늘은 우뚝이 전당을 짓고
연금술사의 가마솥 같은 학원이 섰다
선머슴애 말괄량이 모두모두 모여라

32

우리가 이 가마 속에다 너희를 넣고
모름지기 화끈하게 불을 지피리니
납덩이가 금빛을 발하고 돌덩이가 옥이 되는
마법 같은 기적을 보게 되리라

제1회 졸업생 175명을 내면서 나는 그 어느 졸업식 때보다도 벅
찬 감회를 느꼈다. 너무 헤프게 쓰이는 관용어이지만 '감개무량'이
란 말이 에누리 없이 실감났다. 성적이 나빠서 어느 학교에도 입학
하지 못했던 130명의 신입생들, 나머지 전학생들 역시 여러 학교를
기웃거리다가 자리가 없어서 또는 성적이 신통찮아서 울며 겨자
먹기로 기어들어온 천덕꾸러기 신세가 아니었던가. 그런데 그들
가운데 96명이나 대학에 합격했다. 요즘같이 고교졸업생 수가 대
입 정원보다 적어 원하면 어디라도 들어가는 시대가 아니었다. 또
한 교통이 좋고 기숙사 시설이 잘 되어 지방대학도 마다하지 않는
시대가 아니었다. 치열한 경쟁을 뚫어야 하던 상황이었고, 또 수도
권 소재 대학이 아니면 차라리 재수를 선택하던 분위기였는데 말
이다. 더구나 서울대와 연세대 합격생까지 냈으니 사회의 학교평
가 기준으로 보더라도 이야말로 "고양이새끼를 얻어 호랑이로 키
우자"던 다짐이 성공한 것이요, "납덩이가 금빛을 발하고 돌덩이가
옥이 되는 마법 같은 기적"을 연출한 연금술이 아닐까 보냐고 어깨
를 으쓱댈 만도 하지 않은가. 제2회 졸업생 중에선 연세대 합격생
만 3명이 나왔다.

2회 졸업생을 낸 후 부임 4년 반 만에 학교장은 정년퇴임으로, 나는 교장 승진으로 일산동고를 떠났다. 그 후 새 교장단이 번갈아 들어섰고, 그분들은 입시교육에 도움이 안 된다고 연예 학생 육성이나 주민 평생교육을 축소하거나 폐지하는 방향으로 나아갔다. 어쩌면 그것들은 신설학교의 정착을 위한 방편에 불과했고 그래서 시효가 만료된 운영방침이었는지도 모른다. 그러나 매년 우수한 학생이 보다 많이 들어오고 매회 졸업생은 늘어갔건만 오히려 그때보다 진학 성적이 부진했던 것은 왜일까. 입시공부에 방해가 된다고 광대패를 몰아내고 주민 평생교육을 고사했는데 왜 그후 5년 동안은 이른바 스카이 명문대 합격생을 한 명도 못 냈을까. 내가 있던 시절의 성과가 단지 운이 좋아 우연히 거둔 소득이었는지 다른 이유 때문이었는지 지금도 아리송하다.

중동무이 학교도서관

마지막으로 일산동고에서 내가 심혈을 기울이다가 미완으로 아쉽게 중동무이한 학교도서관 일을 마무리 화제로 삼아야겠다. 개교 초기의 그 난리 북새통이 가라앉자 나는 책벌레의 본색을 드러냈다. 그렇게 가지가지 문제가 많은 학생들이긴 해도, 아니 오히려 그렇기 때문에 더욱 그들에겐 독서가 필요하다고 생각했다. 나는 도서 수집운동을 벌이고 기증자를 수소문했다. 전학생의 부모가 학교에 무엇이라도 기부하고 싶어 하는 눈치면 이때다 하고 도서목

34

록을 건네면서 힘닿는 대로 몇 권이라도 사달라고 부탁했다. 이 때문에 난감한 일을 겪기도 했다. 딸을 전입시키면서 도서 기증을 제법 한 학부모가 있었다. 먼저 다니던 학교에서 퇴학당할 처지에 권고 전학을 온 참이라 그런 애를 받아주는 학교가 구세주처럼 고마웠을 테니 시쳇말로 '그까이꺼' 하고 응했을 터이다.

사정을 대강 알고는 받았지만 참 어려운 애였다. 몇 달 후 이 학생과 관련하여 학부모의 부당한 요구를 거절하자, 이 학부모는 앙심을 품고 교육청에다 민원을 제기하였다. 학생 전학의 대가로 도서 기증을 강요했으니 교장과 교감을 징계해 달라는 내용이었다. 나의 과욕이었는지 모르나 당시로선 징계의 위험성을 감수하면서라도 학교도서관을 꾸려보려는 열의가 넘치고 있었으니 어쩌랴.

이렇게 애썼으나 정작 도서실을 맡아 일을 해보겠다는 교사를 찾기가 쉽지 않았다. 신설학교라 사람은 적고 일은 많으니 강요해서 될 일도 아니었다. 이듬해에야 겨우 국어과 신임 여교사 한 명을 설득하여 도서실 업무를 맡기는 데 성공하였다. 교무실에도 그의 자리가 있었지만, 따로 도서실에 사무용 책상과 개인용 컴퓨터를 제공하고 도서반도 조직하여 붙여 주었다. 교무실이 아니라 도서실로 출근하고 도서실에서 퇴근하는 것도 허용하였다. 당시 형편으로서는 그 정도만으로도 학교가 제공할 수 있는 파격적 배려였다. 그러나 도서실 운영은 도무지 정착이 안 되었고, 담당자는 몹시 힘들어했다. 그도 그럴 것이, 남아도는 교실 두 칸에 덩그러니 서가 두어 개 들여놓아서 공간은 휑하기만 한데 혼자 감당이 안 됐던 것이다. 정을 못 붙이니 독서교육은커녕 장서 관리조차 제대로 되질 않았다. 순회 때마다 들르지만, 자물쇠도 안 잠긴 채 지키는 사람도 없이 방치되는 때가 빈번하더니, 결국 도서 분실과 컴퓨터 도난 등 사고까지 잦았다. 담당자는 담당자대로 나는 나대로 마음고생이 많았다. 여기서 못다 이룬 꿈은 교장 승진 후로 미루어졌고, 아쉬운 대로 2500여 권의 장서 확보로나 위안을 삼을 수밖에 없었다.

꿈꾸는 음모 1

교장이 된 한참 뒤의 일이지만, 동일교 만기로 전출을 하는 여교사가 있었다. 나는 그에게, 옮겨가고 싶은 학교가 있으면 인사담당자한테 부탁을 해 보겠노라 먼저 제의를 했다. 뜻밖에도 노땡큐였다. 관내 이동이니, 자기는 고양시 공립 50여 개나 되는 중·고등학교 가운데 어디라도 보내주는 대로 가겠다는 것이다. 그러면서 한마디를 덧붙였다.

"N고등학교만 아니라면 다 좋아요." N고등학교란 역사는 깊되 복잡한 학내 문제로 근무 여건이 그렇고 그런 학교였다. 본인이 사양하는 데다 교사의 열린 태도가 기특하기도 하여 내버려 두었다. 그런데 정작 인사이동 발표가 나고 보니 어이가 없었다. 그 교사는 자기가 유일하게 기피하던 N고등학교로 발령을 받은 것이다.

1999년 9월, 내가 화수고등학교로 승진 발령을 받았을 때 사정이 이와 비슷했다. 교감으로 있던 일산동고등학교도 문제가 많았지만, 한 학기 뒤에 개교한 화수고등학교는 그런 면에서 한 수 위였다. 말썽꾸러기 학생을 꾸중하던 학생지도부 선생님은 곧잘 "너 같

은 놈은 아무래도 화수고등학교로나 보내야겠다"고 을러댔고, 나
도 덩달아 맞장구를 쳤었다. 그런데 내가 바로 그 학교 교장으로 발
령이 난 것이다.

무엇이 무너지는가

내가 3대 교장으로 간, 역사 3년의 화수고등학교는 아파트 단지가
들어서면서 급조되어 3월이 아닌 9월에 개교한 학교였다. 처음에
전학생 64명으로 어렵사리 문을 열었지만 대부분 그동안 다니던
학교에서 잘 적응하지 못하던 학생들이었다. 들리는 소문인즉 교
직원끼리 불화가 심하여 교육청의 특별감사까지 받았고, 학생들의
품행이 좋지 않아 주민들과 갈등이 심하고 인근에서는 깡패 학교
로 소문이 났으며, 학교에 대한 불만을 가진 학생들이 학교 기물을
대량으로 파괴한 사건이 있었다는 것 등이었다.

그런데 막상 가보니 사정은 좀 달랐다. 전임 교장이 업무 인계 과
정에서 강조한 '학생 징계가 한 건도 없는 학교'라는 말은 에누리해
서 듣더라도, 불량학생들이 개판치는 학교일 거라는 나의 지레짐작
은 한참 빗나갔다. 내가 가서 접한 학생들은 의외로 순종적이었다.

이렇게 순한 애들을 깡패로 취급하다니 주민들의 편견이 심하다
고 생각했다. 그러나 그것은 채찍에 의해 야성이 억압된 야생동물
의 그것이었다. 평화가 아니었다. 행복이 아니었다.

자유도 없고 의욕도 없었다. 거기에는 '교도소 같은'이 지나치다

38

면 '신병훈련소 같은' 살벌한 질서만이 있었다. 아침이면 스포츠머리 학생부장 선생이 검은 선글라스를 끼고 몽둥이를 든 채 복도를 어슬렁거리고 학생들은 쥐죽은 듯 살금살금 피해 다녔다. 행여 학생부장 눈에 띄었다 하면 쩌렁쩌렁 불호령이 떨어지고 학생들은 고양이 앞의 쥐처럼 주눅 들어 끌려왔다. 학생부장 앞에 선 학생은 복장이든 두발이든 부착물이든 간에 무엇인가 걸려들게 마련이고, 그래서 지적받은 학생은 꾸지람을 듣고 기합을 받고 심하면 '빠따'를 맞았다.

무질서한 깡패 학교를 질서 있는 훈병 학교로 탈바꿈시키느라 전임 교장과 교사들이 얼마나 애썼을까 짐작이 갔다.

그러나 나는 교장 취임식전에서 학생들에게 '즐거운 학교, 신나는 학창생활'을 경영방침으로 내걸었다. 일반계 고등학교 교장이라면, 대학 많이 들어가고 명문대학 합격자 많이 내자고 다짐해야할 처지에 무슨 얼어 죽을 '즐거운 학교, 신나는 학창생활'이란 말인가. 아마 어이없다고 생각한 사람도 많았을 법하다. 그러나 내가 생각하는 학교는 모든 구성원들이 행복한 학교였다. 내일의 개살구 같은 영광을 위해 오늘의 비인간적 고통을 감내하라고 요구하는 것은 일종의 속임수라고 까발렸다. 학창시절은 인생의 아름다운 길목인데 이 소중한 시기를 고통스럽게 지내는 것은 불행한 일이라고 주장했다. 나는 그런 사람이었다. 어쩌면 영화 〈죽은 시인의 사회〉의 키팅 선생이 입시공부에 찌든 애들을 선동하던 '카르페 디엠'(오늘을 즐겨라)인가 하는 구호를 교훈校訓으로 삼고 싶었는지도 모른다.

나는 학생과 학부모와 교직원들과 주민들의 눈치를 보면서 내 꿈을 실현하려고 조심조심 음모를 꾸몄다. 나는 내 제자들로 하여금 살벌한 경쟁을 뚫고 출세하도록 인도하는 대신 행복하고 보람 있는 참 삶을 살도록 안내하고 싶었다. 대학에 들어가는 숫자, 명문대 합격생 수를 가지고 교육의 성패를 가름하는 이 싸가지 없는 풍토를 뒤집어엎고 싶었다. 이 불온한 초보 교장은 겁도 없이 쿠데타를 꿈꾸었다.

쿠데타의 시작

나는 학생들이 턱없이 일찍 등교하여 자율학습이라고 공연히 들볶이는 게 싫어서 늦게 나오도록 했다. 공부도 안 하면서 이웃 학교 눈치보고 학부모 비위맞추느라고 폼만 잡는 그런 짓거리를 혐오하였다. 나는 학생들의 장래를 위해서라는 명분으로 보충수업이다 자율학습이다 애들을 밤늦도록 강제로 잡아두는 그 엄청난 횡포를 포기하도록 유도하였다.

일제와 군사독재의 유습으로 물려받은 교칙이란 굴레로 어린 학생들을 얽어매고 쥐 잡듯이 단속하는 규제의 성곽을 무너뜨리기로 맘먹었다. 규제의 상징인 두발도 길게 기르도록 허용하고, 서슬 푸른 '질서'가 무너져 내리도록까지 짐짓 방치했다. 걸림돌이 되는 강성 학생부장을 물러나게 하고 물렁물렁한 사람을 대신 앉혔다. 학생들은 느지막이 등교하여 일찌감치 하교했고, 머리는 길어지고 훈련소 같던 질서는 깨졌다. 애들의 복장도 흐트러지고 청소도 잘 안 되고 학교에 남아서 공부하는 애들은 거의 없어졌다. 대신 무슨 우승컵이나 우승기 등을 걸어놓고 날마다 고래고래 소리 지르며 학급 대항 축구시합으로 밤이 새고 날이 저물었다.

바로 이웃한 중학교부터 성적 좋은 학생은 딴 데로 빼돌리고 오갈 데 없는 바닥권 애들만 보내주었다. 주민들은 차라리 멀어도 밤 늦도록 불 켜놓고 공부시키는 학교로 자녀들을 보내지, 늦게 가고 일찍 오는 이 학교로는 자녀를 보내려고 하지 않았다. 그러니 학생 모집은 예나 이제나 만년 미달이었다. 그런데도 교장이라는 작자는 무너지는 학교와 흩어지는 학생들의 모습을 남몰래 즐기고 있었다. 입가에 악마같이 음흉한 웃음을 띠고 '오, 자알 무너진다. 옳지, 다 무너져라!' 하며 속으로 쾌재를 불렀다.

이쯤 되자 나는 또 다른 음모를 추진하였다. 파괴 이전부터 준비하여 이미 물밑작업을 해온 터이긴 하지만 보다 본격적으로 박차를 가했다.

나는 교육청, 지자체, 독지가 가릴 것 없이 돈 나올 구멍을 찾아가 지원을 끌어내서 필요한 시설을 갖추고 학교 외양 다듬기에 꾸준히 힘을 기울였다. 나무를 심어라, 꽃을 가꿔라, 운동장에는 마사토를 깔고 소금도 뿌려라. 컬러 펜스로 화단과 운동장을 두르고 장미를 심었다.

운동장 스탠드에 차양막도 했다. 공공근로자의 도움으로 싼값에, 더럽혀진 실내 벽면을 깔끔하게 도색하였다. 현관 중앙에 대형 수족관을 만들고, 양면 벽쪽에 유리 전시실을 만들어 민속자료 등을 바꾸어가며 전시하도록 하였다. 4층으로 마감처리가 된 교사에 한 층을 더 올려 번듯한 5층 건물을 완공하였다. 학교 이미지 쇄신을 위해, 촌스럽던 종전의 교표를 버리고 전문가의 도움으로 세련된 교표를 새로 만들어 교사 중앙에 달고 깃발도 만들어 게양대에 상시 게양케 하였다. 교표 디자인은 '즐겁게 춤추는 사람'을 추상화했으니 이것도 즐거운 학교, 행복한 교육의 이미지화 작업의 일환이었다. 5층 완공에 맞추어 교사 외벽의 색깔도 말끔히 바꿔 칠했다. 교복도 그동안 입던 캐시미어를 버리고 학생들이 선호하는 개버딘 원단에 세련된 디자인으로 바꾸었다.

겉이 속을 지배한다?

내가 이런 외양에 비중을 둔 것은, 이른바 잠재적 교육과정으로서 환경이 청소년기 학생들의 전인교육에 무척 소중하다는 원론적 교육관과 무관할 수가 없다. 그러나 나는 학력수준이 낮을수록 또는 부적응 학생이 많을수록 환경이 더욱 중요하다고 생각하였다. 대안학교가 한결같이 자연친화적 환경을 가진다는 점에 착안한 것이기도 하다. 내실을 기한답시고 학교 가꾸기는 외면하고 포로수용소처럼 일정 공간에 학생을 가두어 놓고 주입식 입시준비만으로 무지막지하게 몰아붙이는 것은 교육이란 이름의 폭력이요 청소년

학대라고 보았다. 내가 인간적인 공간 설계와 자연친화적 캠퍼스 구성을 중시하는 것을 보고 어떤 젊은 교사가 '사람은 공간을 만들고 공간은 사람을 만든다'는 그럴 듯한 명제를 제시해서 나는 '그것도 말 되네!' 하며 웃었다.

내가 교장으로 부임한 지 2주 남짓인 9월 18일에 나는 어느 출판 기념회에 초대를 받았다. 주인공은 평택고등학교 시절의 제자 K군. 그가 번역한 『루르 루돌프 슈타이너 학교』라는 책의 출간을 축하하는 자리였는데, 독일식 대안학교운동을 소개하는 교육이론서였다. 나는 이 책을 읽으면서, 학교건물의 색다른 설계며 자연친화적 캠퍼스며 문화예술을 중시하는 교육과정 등에 주목하였다. 타이밍이 잘 맞기도 했지만, 이 책에서 나는 화수고등학교 경영 방침에 있어 상당한 확신을 얻었다.

내가 문화 예술적 특기적성교육에 적극적 지원을 아끼지 않은 것도 같은 차원으로 볼 수 있다. 편법 운영으로 입시교육을 하거나 시간 때우기 식으로 마지못해 하는 클럽활동을 지양하고 전일제를 채택하여 알찬 운영을 독려하였다. 동아리 활동을 장려하고, 한 번도 발표 기회를 얻지 못했던 그들을 격려하기 위해 그 가을로 당장 준비를 해서 동아리 발표회를 실시하였다. 짧은 시간에도 제법 잘해 나갔다. 이듬해부턴 제1회 축제와 체육대회도 떠들썩하게 치렀고, 호화판으로 교지도 창간하였다. 시끄럽긴 해도 사물놀이반도 만들고, 보컬반도 만들었다. 음악실, 미술실, 무용실 들을 만들어 돈을 들여 시설도 하고 치장도 했다. 그런 시설의 백미가 소극장이다. 40평 공간에 계단식 객석 110석을 설치하고, 무대 장치며, 음향·조명 기기를 고급스럽게 갖추고, 전동 스크린과 LCD 프로젝터를 장치하였다.

특히 인테리어 개념을 도입한 방음·흡음 시설로 소음문제를 해결한 후 여기에서 영화도 보고, 각종 공연도 하고, 회의실로도 활용하였다.

이건 후일담이지만, 이 공간에서 활동하던 학생 중에서 제법 유명한 연예인도 나왔다. 국내보다는 오히려 일본에서 K라는 이름의 한류가수로 제법 인기가 있다는 김군, 국내는 물론 중국에서도 최고의 인기를 누리는 그룹 동방신기의 멤버로서 '시아준수'라는 이름으로 활동하는 또 다른 김군 등이 바로 이 공간의 최대 수혜자였다. 학교에서 따로 키우지도 않았고 그저 마당을 마련해주고 멍석을 펴준 것뿐이지만 '공간이 사람을 만든다'는 논리의 방증으로서 그 의미를 과소평가해선 안 된다고 본다.

허물고 새로 서는 것들

교장 취임 2년이 되어 나는 어느 책에 아래와 같은 글을 썼다.

> 일과 후가 되면 나는 교장실에 앉아 있는 것이 힘들다.
> 옆에 있는 무용실에서는 국악 테이프가 돌아가며 무용 연습이 시작된다. 복도 끝 사물놀이 동아리실에서는 징, 꽹과리, 북, 장구가 자지

러지게 울리는데 긴 복도를 공명관처럼 타고 와 귀청을 찢는다. 그래도 이건 오히려 참을 만하지만, 정말 참기 힘든 것은 따로 있다. 교장실 밑 지하 공간에서 아이언 로즈라나 뭐라나 하는 보컬 밴드가 연습 중인데 이건 숫제 발광 수준이다. 교장실에 세면대 설치 공사를 했더니 이것이 지하와 직통으로 뚫려 있어 손님과 대화도 못 할 지경으로 소란스럽다. 게다가 운동장에서는 축구 마니아들이 땀을 뻘뻘 흘리면서 경기를 하다가 골을 넣었는지 와그르르 환호성을 터뜨린다. 후각이라고 그냥 놔둘 리 없다. 교장실에서 그리 멀지 않은 가사실에서는 아까부터 요리반 학생들이 무슨 실습을 하는지 고소한 기름 냄새가 복도까지 흘러나와 마냥 식욕을 자극한다.

나는 이렇게 방과 후에도 살아 움직이는 학교의 모습이 좋다. 지겨운 공부, 지옥 같은 학교라는 것은 부득이한 측면이 없지 않지만, 그렇다고 누가 해결해주기만을 기다릴 수는 없지 않은가.

그러면 나는 정말로 대학 가야 하는 제자들이 공부 팽개치고 이렇게 딴 짓거리만 하도록 부추겼을까? 아무리 초보 교장이라지만, 교육 수요자인 학생과 학부모의 요구를 외면할 만큼 배짱이 두둑하지는 못하다. 대입을 위한 공부 이야기는 뒤에 하기로 하고, 다음 노래(차라리 비명이라 함이 맞을 법하다)에 한번 귀 기울여 보자. 어느 고등학교 교지에 실렸던 글인데 하도 실감이 나서 오려놓았다. 민요 시집살이요謠를 패러디한 '고딩살이요'라고 했다. (고딩이 학생 은어로 고등학생이라는 것쯤 모르시는 독자는 설마 없겠지!)

45

학교간다 학교간다 헉헉뛰어 학교간다
우리마중 누가올까 선도부원 학생주임
선배선배 선배님들 학교생활 어떱디까
이애이애 그말마라 학교살이 개집살이
숨이턱턱 학교살이 잠자기도 힘들구나
새벽부터 시간맞춰 일어나기 어렵더라
허둥지둥 준비하여 뛰어오기 어렵더라
지각하면 오리걸음 쉬는시간 상납하고
국어숙제 사회숙제 이리치고 저리치여
사회생활 어렵대야 학교보다 어려우랴
엄마아빠 잔소리에 선생님들 채찍일세
학생주임 호랑새요 선생님들 꾸중새요
시험공부 압박이요 수행평가 골칫덩이
숙제한테 걷어채여 나하나만 썩는샐세
답안찍기 삼년이요 꾸벅꾸벅 삼년이니
활짝웃던 요내얼굴 우거지상 다되었네
팔팔했던 이내청춘 야자시간 잠만느네
비상했던 이내머리 잔머리로 가득찼네
눈물인가 콧물인가 교과서가 얼룩덜룩
쿨쿨자는 내꼴보고 날아오는 노랑카드
으악대는 비명소리 일장춘몽 허무하다

46

꿈꾸는 음모 2

얼마 전 지리산 정령치에 올랐을 때 일이다. 평일인데다 날씨마저 궂어서 관광객은 우리 일행 몇뿐이고 상점이나 음식점도 하나같이 문을 닫았다. 구름에 가려 보이는 것도 없고 비까지 흩뿌리니 우리도 서둘러 내려가려던 참인데 버스 한 대가 주차장으로 들어섰다. 문이 열리기 바쁘게 조무래기들이 우르르 내렸다. 나는 한 아이를 붙잡고 물었다. "너희 학급 한 반만 현장학습 온 모양이다?" 그러나 아이의 대답은 엉뚱했다. "한 반이 아니라 5,6학년 전체가 온 거야요." 내가 미심쩍은 표정을 짓자 그 아이는 덧붙여 설명을 했다. "우리 학교는 작아서 학생들이 얼마 안 되거든요. 그래서 5,6학년 다 와도 요것밖에 안 돼요."

그러고 보니 학생들은 겨우 이십 명이나 될까 싶었다.

요즈음 교육청에서 가장 고심하는 것 가운데 하나가 소규모 학교 통폐합 문제이다. 도시집중 현상에 저출산이 심화되어 학생 수가 해마다 줄어들다 보니 재정이나 인사에 어려움이 커서 없애야 할 처지이건만 주민들의 저항이 만만치 않은 것이다. 그도 그럴 것

47

이 시골 학교는 그냥 학교가 아니라 동네에서 문화의 장이요 스포츠 센터다. 또한 마을의 역사가 살아 숨 쉬는 사적지요 대대로 추억이 생산되고 축적되는 향수의 샘이기도 하다. 시골 길을 가다가 폐가처럼 버려진 교사와 잡초 무성한 운동장, 그리고 아직도 남아 있는 녹슨 철봉과 축구 골문을 보면 마음이 언짢아지는 것은 나만의 경험은 아닐 터이다. 더구나 운동장 가나 화단의 잡초 틈에서 돌보는 이 없이 피어 있는 코스모스와 금송화 들을 보노라면 마냥 처연하다.

아파트촌에 갇힌 섬

너도나도 몰려든 도시, 그 고층 아파트 사이에 겨우 비집고 자리 잡은 학교 교정. 옛날 시골에선 가장 번듯한 건물이 학교였는데 지금은 아파트 숲에 폭 파묻힌 모양새가 어쩌면 배꼽 또는 숨구멍 같다. 옛날엔 배밭이었다든가 공동묘지였다든가 하는 역사를 증언해줄 토박이도 찾기 힘들고 대신 팔도에서 이런저런 사연을 접어두고 모인 '실향민'들의 수용소가 신도시 아파트촌 아닐까. 나는 애향심 많은 시골의 학교와는 또 다른 의미에서, 아니 오히려 '실향민'인 주민들이기에 더욱 학교가 주민들의 심리적 구심점을 이루어야 한다고 생각한다. 이웃사촌 없는 모래알 민심을 추슬러 지역사회의 공동체의식을 엮어내는 구실을 학교가 해야 한다고 본다. 이것이 곧 지역사회학교의 의의이다. 이것이 화수고등학교에서 내가 꿈꾸는

'음모'의 명분이었다.

　서울 근교 신도시에 평수 넓은 아파트를 차지하고 사는 이들은 나름대로 자수성가했다는 자부심을 안고 살기에 저마다 자존심이 세고 이기적이다. 그들은 수업 타종 소리가 시끄럽다, 행사 확성기 소리가 크다, 공사 소음이 난다, 먼지가 날린다 등등 늘 전화를 해 댔다. 심지어는 체육교사의 학생 체벌이 심하다, 공만 내주고 선생은 안 보인다고 떠들다가 인권이 어떠하다는 등 교육이 이래서야 나라가 어쩼다는 등 하는 데까지 나아간다. 이미 교감시절 전임교에서 숱해 겪은 일이지만, 상대가 이른바 '비선호 학교'인 경우 주민의 거부감은 커지고, 따라서 시시콜콜 간섭하고 잔소리를 늘어놓기 일쑤이다. 특히 축제 같은 행사라도 할양이면 시끄럽다고 항의가 빗발치고 끝내는 경찰까지 꼬드겨서 압박을 한다. 그래도 무관심보다는 낫다고 할는지 모르나 주민들의 속내에는 '원, 학교라고 후진 주제에' '꼴값 하느라고 겁도 없이' 하는 멸시감이 도사리고 있는 것이다. 이들을 우리 편으로 끌어들이지 않는다면 학교는 주민들에게 영영 버림받고 만다. '우리 동네에 있는 학교'에서 '우리 학교'로 주민들이 받아들이게끔 하는 것, 이것이야말로 내 '음모'의 실리다.

　나는 아파트촌에 갇힌 섬, 그나마 외면당하는 섬을 주민들의 교육, 문화, 스포츠 등의 중심지로 만들고 싶었다. 그들이 이 학교를 사랑하고 이 학교에서 대를 이어 추억을 만들게 하고 싶었다. 나는 운동장을 비롯하여 학교 시설을 개방하는 일에 적극적이었다. 조기축구회 한 팀이 운동장을 빌려 쓰고 있었는데 이를 토요일 오후 팀, 일요일 오전 팀, 일요일 오후 팀 등 3배로 늘려 준다든가, 휴일에 치르는 각종 시험에 교실을 임대한다든가 해서 동네 사람들이 부담 없이 학교에 자주 드나들도록 유도하였다. 더구나 내가 전임교부터 축적해온 노하우가 주민 상대 평생교육이 아니던가. 나는 부임하기 무섭게 주민을 학교로 끌어들이기 위한 프로그램을 작동시켰다.

효자 종목 평생교육

올림픽 같은 것을 보면 메달을 많이 따오는 종목, 예컨대 양궁이니 태권도니 하는 것을 효자 종목이라 하던데, 화수고등학교의 경우 주민과의 관계 개선에 효자 구실을 한 종목은 단연 평생교육이었다. 일이 되느라고 그랬던지, 마침 나와 같은 날짜로 부임한 교사 J는 각종 자격증과 면허증이 30여 가지나 되는 별난 선생이었다. 그의 자격증 목록을 일별하다 보니 뜻밖에도 한식조리사 자격증이 있었다. 나는 당장 그를 불러 평생교육을 해보자고 제안했고 그도 흔쾌히 응했다. 내가 평생교육을 한다고 나서자 교감을 비롯한 기존 교직원들이나 학부모 대표들의 반응이 초짜 교장의 물색 모르는 생각이라는 투로 시큰둥했다.

이미 시도해보기는 했는데, 두어 차례 추진하다 체념한 상태였던 것이다. 볼링을 좋아하는 학부모 몇이 수차례 모여서 볼링장에 갔던 일이 그나마 평생교육의 성과 전부였다는 말을 듣고 웃음조차 나오지 않았다.

　나는 두 가지 방침을 세웠다. 수강생은 학부모가 아니라 주민을 상대로 하며, 취미반보다는 자격증반 중심으로 하자는 것이다. 아파트 동마다 다니며 게시판에 한식조리 자격증반 개설을 알리는 홍보 전단을 붙이고 지역정보지에도 유료 광고문을 실었다. 아이엠에프 경제난에 자격증반은 즉각 효과를 냈다. 예상대로 주민들이 몰려왔다. 36명으로 한 반을 구성하고 3개월 과정으로 하여 교육과정을 빈틈없이 이수케 하고 자격증 시험까지 응시토록 했다. J선생은 자격증 따는 데는 도사였다. 그는 주말에 과외수업까지 하면서 정성껏 지도를 했으며 그 덕에 학과시험을 통과하는 수강생이 무더기로 나오고 실기시험을 통과하는 사람들도 꽤 나왔다. 처음엔 조금 들쭉날쭉하더니 3기쯤 지나자 자격증시험 합격률이 80퍼센트 선에서 자리를 잡았다. 요리학원 수강생의 평균 합격률이 30퍼센트 선이던 상황에서 꽤나 충격적인 성과였던지 학교 근처에 있던 요리학원이 문을 닫는 부작용(?)까지 낳았다. 입소문이 나고 중앙일간지와 잡지, 인터넷 등에 학교 평생교육의 모범사례로 소개되기 시작하자 지역사회를 넘어 교육계와 중앙정부 기관에서까지 주목하게 되고 화수고등학교 평생교육은 여러 가지로 관심과 격려를 받았다. 교육청에서도 평생학습관 지정과 함께 재정 지원을 해주었다.

　태반이 주부인 수강생들이 3개월 과정을 마치고 수료식을 할 때면, 나는 늘 감동에 빠졌다. 몸소 하얀 조리모와 위생복 차림으로

51

합격률을 높이고자 일요일에도 가사실에 나와 과외를 하던 J선생이며, 출석률이 나쁘면 수료증을 안 준다는 협박(?)에 시달리며 남편이나 자녀에게 자격시험 낙방이란 수모를 당하지 않으려고 안간힘을 쓰던 수강생들의 면면을 보면서 나는 회심의 미소를 짓지 않을 수 없다. 격식을 차려 국민의례를 꼬박꼬박 하고, 수료증과 함께 개근상이며 공로상까지 수여하노라면 수강생들의 얼굴에는 오랜만에 얻은 성취감으로 희열이 감돌고 자랑스러운 웃음이 넘쳤다. 평생교육원 원장이자 화수고등학교 교장인 내가 이때를 놓칠 리 없다. 나는 준비된 수료사를 마치고 나서 늘 이렇게 당부하였다.

"비록 짧은 기간이지만, 여러분은 지난 3개월 동안 화수고등학교 가족으로 지냈습니다. '한 번 해병이면 영원한 해병'이라던가 하는 해병대 식으로 말한다면, 여러분은 한 번 화수고등학교 가족이었으므로 영원한 화수 가족이 되었습니다. 평생교육을 고리로 하여 화수고등학교는 이제 여러분의 자랑스런 모교가 되었습니다. 앞으로 여러분은 화수고등학교를 부를 때 '우리 학교'라고 불러도 좋습니다."

이쯤 되니 기수마다 배출되는 수료자들은 자기도 모르는 새 화수고 지지자, 화수고 홍보대사가 되었다.

성인교육 또 다른 보람

언젠가 텔레비전 특강에서 보니, 유한킴벌리 문국현 사장이 흥미로

52

운 논지를 폈다. 그는 이른바 CEO에서 E를 경영executive으로만 풀지 않고, 환경environment, 윤리ethics, 교육education으로 풀고 싶다고 했다. 여기서 말하는 '교육'은 평생교육을 가리킨다. CEO로서 교장도 학교경영자 또는 학생교육자에 그치지 말고 환경수호와 윤리경영, 그리고 주민 평생교육을 책무로 알아야 하지 않을까. 그런 의미에서 나는 일찍부터 학교에서 실시하는 평생교육에 대하여 나름의 소신을 가지고 있었다. 학교가 학생교육으로 그 소임을 다했다는 생각, 또는 학생교육도 바쁜데 어느 겨를에 주민상대 평생교육을 실시한다는 말인가 하는 생각은 옳지 않다. 교육감은 관할구역 안에서 지역주민을 대상으로 평생교육 프로그램과 평생학습관을 운영하여야 한다(평생교육법 13조)든가, 각급 학교의 장은 학교의 교육환경을 고려하여 그 특성에 맞는 평생교육을 실시하고, 학교시설은 다양한 평생교육을 실시하기에 편리한 형태의 구조와 설비를 갖추어야 한다(25조)든가 하는 평생교육법의 입법 취지를 생각하더라도 그렇다.

해를 거듭할수록 화수고등학교 평생교육은 발전해갔다. 수요층의 요구를 감안하여 자격증반 외에 생활요리반이니 출장요리사반이니 손님초대요리반이니 하는 과정도 만들어 운영하였지만, 자격증 소지자들이 늘어나면서 양식·일식·중식 조리사 자격증반을 만들어갔다. 신이 난 J선생은 자신부터 각종 요리사 자격증을 연달아 취득하였고 잇달아 양식조리사, 일식조리사, 중식조리사 자격증반도 순환제로 개설하였다. 한식자격증을 취득한 수강생들은 유행처럼 다시 양식, 중식, 일식 등에 도전하여 서너 개를 거듭 취득하는 수강생들이 속속 생겨났다.

운영 4년을 마치고 나서 자체 평가를 거쳐 나온 통계를 보면 한식조리사 365명, 양식조리사 45명, 일식조리사 22명, 중식조리사 6명 등의 자격증 취득자가 나왔다. 이쯤 되자 이들이 취업하거나 활동할 자리를 마련해야 했다. 상당수는 모교(?)에서 조교 및 강사로 활동하였고, 경기도 각지의 초·중·고등학교 평생교육 담당 강사 요청에 부응하여 20여 곳으로 분가를 했다. 출장요리사나 시간제 요리사로 활동하는 사람도 20여 명이 있었고 몇 사람은 취업이민을 가기도 했다. 서너 개의 인터넷 교육포털사이트에 강사로도 진출했고, 지역 텔레비전 방송의 요리강사로도 활동했다. 한편 J선생은 날로 신명나는 판을 벌리더니 대학원에서 평생교육을 전공하고, 평생교육 전도사라는 별칭을 들으며 여기저기 특강을 다닐 만큼 지명도가 높아갔다.

학교 평생교육의 이상

내가 학교장으로서 학생교육과 평생교육의 주종 관계를 망각하고, 또는 본업인 학생교육을 소홀히 하면서 부업인 평생교육에 매달린 듯 보일까 마음이 쓰이지만, 기왕 여기까지 왔으니 같은 주제로 끝까지 갈 수밖에 없을 것 같다.

나는 학교 평생교육의 차별화를 주장하는 사람이다. 아파트촌은 인구밀집지역이어서 학교 밀도도 총총하게 마련이다. 한 동네에 초등학교, 중학교, 고등학교가 예닐곱 개씩 몰려 있다.

위에서 의무적으로 평생교육 프로그램을 실시하라 하니 교장들은 왜 이런 군더더기까지 떠맡기느냐고 툴툴거리며 난감해 한다. 그래서 개설하기 쉽고 신경 덜 쓰인다고 너도나도 꽃꽂이며 한지공예며 서예 같은 것을 줄줄이 개설하지만 대개는 유명무실로 실패하고 만다.

나는 한 학교에서 백화점 식으로 여러 가지를 개설하는 것도 문제지만 이웃 학교들이 같은 과정을 개설하는 것도 피해야 한다고 본다. 어느 학교에서 요리반이 잘 된다더라 하면 덩달아 한 동네에서 같은 과정이 잇달아 개설된다. 그러면 결국 둘 다 죽거나 적어도 어느 한쪽은 죽게 돼 있다. 화수고에서는 음식(요리)이란 범위를 지키려고 노력했다. 나중에 전통떡반, 제과제빵반, 샐러드샌드위치반 같은 것도 상설로 또는 수시로 개설했지만 앞에서 말한 범주를 벗어나지 않았다. 화수고등학교가 요리 쪽이라면, 이웃 A중학교에선 스포츠, B고등학교에선 컴퓨터, C초등학교에선 취미생활, 이런 식으로 차별화하고 전문화한다면 주민들에게도 양질의 프로그램을 다양하게 제공하고 학교들도 성공적 결실을 거둘 수 있으니 누이 좋고 매부 좋은 결과가 될 것이다.

평생교육이 성공하자 화수고등학교는 경기도 고등학교로선 유일하게 교육감 지정 평생학습관으로 지정되었다. 한편 강사 배출이 많아지면서 강사의 질 관리에 문제가 생기지 않도록 평생교육

강사 연수과정까지 운영하였다. 한국평생교육총연합회와 경기도 평생교육연합회의 후원으로 실시한 그 연수의 수료증은 현장에서 평생교육강사 자격증처럼 권위를 얻었다. 이렇게 되자 요리책 전문 출판사들이 접근하기 시작했고, 『한식조리기능사 필기시험』 같은 수험서를 비롯하여 화수고 평생교육원 출신 유명강사들의 저술이 앞 다투어 출판되었다. 퇴직하던 2004년도 말까지 이미 10여 권이 나왔는데, 지금도 아내의 책꽂이엔 『샐러드와 소스 만들기』『어머니 손맛이 담긴 건강 밥상 차리기』『요리 궁합』같은 이름의 증정본 요리책들이 즐비하다.

평생교육이 잘 되다 보니 가사실 하나에 의존하던 강의가 포화상태에 이르고 매주 1백 수십 명의 주민들이 드나들어 때로는 불편한 점이 없지 않았다. 나는 평생교육관 전용 건물을 가질 수 없을까 고심을 하였다. 뒤에 다시 말할 기회가 있겠지만, '평생교육관'이란 간판을 붙이는 넓고 훌륭한 독립공간을 확보하리라던 꿈을 퇴직전에 이루었다.

J선생은 마침내 사회과 중등교사로서의 신분을 포기하고 새로운 인생을 시작하였다. 그는 평생교육 전공으로 박사학위를 얻었고, 경기도 교육청으로 또는 교육부로 불려 다니던 끝에 결국 모 대학교수로 스카우트되어 떠났다. J선생이 떠났지만, 화수고 평생교육원은 쟁쟁한 강사진들에 의해 자율적으로 운영되고 있다. 기수 별로 위계질서가 서 있어서 학교의 간섭 없이도 질서 정연히 잘 돌아가고 있다.

56

다시 도전하는 도서관 1

화수고등학교에 교장으로 가서 처음 돌아본 학교, 건물배치도를 들고 안내를 받아 층층이 돌아다니며 내가 특별히 관심을 둔 것은 이른바 특별실이다. 일반계 학교의 보통교실이야 거기서 거기니까 한두 교실만 맛보기로 보면 넉넉하지만 특별실은 하나하나가 중요하다. 이들 공간을 엿보면 교육과정 운영을 비롯하여 그 학교 문화와 풍토의 단면을 손쉽게 짚어낼 수 있어 나는 현황 파악의 지름길로 특별실을 비교적 꼼꼼히 살폈다.

　도서실(관)만 해도 당시엔 의무적으로 설치해야만 하는 특별실은 아니었다. 나는 개교 3년 째인 이 학교에 그래도 도서실이 있다는 데 대해 전임자에게 고마움을 느꼈다. 그러나 도서실이란 팻말이 붙은 방에 들어섰을 때 적잖이 실망했다. 열 평짜리 공간에 들어선 서가 네 쪽, 업무용 책상 한 세트, 그리고 번쩍거리는 애장판 전집류가 주류를 이루는 빈약한 장서가 눈에 들어왔다. 그러나 내가 정말 실망을 느낀 것은 달리 있었다.

맨땅에 헤딩하기처럼

아무리 초가삼간일망정 알뜰한 주부가 물 안 나게 살림을 하는 집엘 가보면 반듯한 사립문부터 시작하여 비질이 잘된 마당이며 신발이 가지런히 놓인 봉당에, 반질반질 윤기 도는 마루와 방바닥, 손때 묻은 가구까지 정말 살아 있는 온기가 느껴지는 법이다. 그러나 이 도서실은 생쥐와 바퀴벌레가 드나들고 어쩌다 나그네나 기웃거리고 가는 머슴방처럼 그렇게 썰렁한 공간이었다. 주인이 없어 보였다. "하루에 몇 시간이나 문을 여나요?" 담당교사에게 물었다. "도서반 학생이 있어 점심시간에만 잠깐 열어 대출을 합니다." 다시 물었다. "대출은 하루에 몇 명이나 받나요?" "…평균 두세 명이 다녀갑니다." 조금 면목 없어 하긴 했지만 '그러니 나보고 어쩌란 말이야?' 하는 심드렁한 빛이 역력했다. 국어교사라고 하여 업무분장에 의해 마지못해 맡은 한직일 뿐 의욕이 날 처지가 아니고 보니 그럴 것이다 싶었다.

그런데 이 학교엔 이상한 점이 있었다. 도서실 아닌 어느 공간에 빈 양면서가가 무려 8개나 방치되어 있는 것이었다. 연고를 알아본즉 차마 밝히기 부끄러운 사연이 있었다. 그간의 속사정이야 내 알 바 아니고, 임자를 기다리는 도서관용 정품 서가들을 보면서 나는 속으로 쾌재를 불렀다.

나는 담당교사를 설득하기 시작하였다. 우리가 도서관을 한번 살려보자. 교장이 힘닿는 대로 밀어줄 테니 뛰어보아라. 우선 장서량을 확보하자고 마음먹었다. 그렇지만 적자상태로 인수한 학교예산으론 도서 구입 자체가 역부족이었다.

나는 먼저 교직원 상대로 학교도서관의 중요성을 역설하며 도서기증운동에 협조해 달라고 부탁했다. 반응은 시큰둥했지만 그러려니 했다. 나는 학부모회를 잇달아 소집하고 도서기증을 호소하였다. 그러나 공부 못하는 자녀로 인해 상처받은 학부모들은 회의에 잘 참석하지도 않았고, 쉽게 설득당하지도 않았다. 새로 온 교장이 대학 입시교육엔 별로 힘을 기울이는 눈치가 아닌데, 웬 자다가 봉창 두들기는 소리로 도서관 타령이 저리 푸짐하냐 하는 정도의 반응이었다. 헌 책 한 권이든 5000원 한 구좌 기부금이든 모든 학부모가 이 운동에 참여하자고 가정통신문을 보냈지만 실적이 거의 없었다. 기한을 거듭 연장해도 성적은 여전히 부진했다. 안타까운 대로 여기까지는 참을 만했는데, 지금이 어느 시대인데 아직도 학교에서 잡부금을 걷느냐고 항의 전화가 온다는 보고를 받자 나는 화도 나지 않고 그냥 맥이 빠졌다. 내 낡은 서가에서, 그래도 학생들이 볼 만한 멀쩡한 책 몇 권을 골라 주섬주섬 보따리에 싸면서 나는 자신이 그렇게 초라할 수가 없었다. 그래도 이대로 주저앉을 수는 없다고 오기를 부렸다.

아는 출판사에 전화를 걸어 재고 가운데 고등학생이 볼 만한 책이 있으면 달라고 염치없는 부탁도 해보았다. 한번은 이런 일도 있었다. 어느 영세 출판사에서, 책을 한 무더기 챙겨놓았으니 가져가라는 반가운 연락이 왔다. 짐칸 있는 지프차를 가진 교사 한 사람을 구슬려 득의양양 달려간 데까지는 좋았는데, 출판사가 있는 골목이 좁아 차를 몰고 들어갈 수 없었다. 별 수 없이 차를 큰길가에 세워둔 채 출판사에 가서 책을 인수해 돌아오니 그새 차에 주차위반 딱지가 떡하니 붙어 있는 것 아닌가. 가깝지도 않은 길을 달려가서 많지도 않은 재고 서적을 고생 끝에 날라 오긴 했지만, 기름 값 주고 출장비 주고 주차위반 과태료까지 물고 나서 결산을 하니 이건 본전도 못 건진 헛장사였다. 무슨 대단한 사냥감이라도 발견한 양 갈기를 세우고 호기 있게 달려갔다가 겨우 토끼 한 마리 물고 돌아온 사자처럼, 교장으로서 직원들 보기에 체면이 안 섰다. 애들 말로 '쪽 팔리는' 경험이었다.

왜 학교도서관인가

아직은 20세기, 남들은 그다지 관심도 없던 시절에 왜 굳이 학교도서관이었던가? 교직원도 외면하고 학부모도 원치 않고 학생조차 반기지 않던 학교도서관 사업에 그토록 집착하는 내가 때로는 이해하기 힘들었다. 일반계고등학교 교장으로서 가장 큰 회의는 두 가지 측면에서 왔다.

하나는 입시위주교육으로 왜곡된 교육현장의 문제였다. 학교마다 대학입시라는 꼭짓점을 향하여 전력 질주하고, 그 중에서도 피라미드 꼭대기 같은 명문대 합격생을 내기 위해 사생결단을 하는 판이 고등학교 현장이다. 이른바 입시전쟁이라는 그 살벌한 전장

60

의 야전사령관 격인 학교장으로서 나는 과연 제 몫을 하고 있는가. 남 하는 대로 하고 가만히 있으면 중간이나 갈 것을, 성삼문도 못 되면서 중뿔나게 나서서 '백설이 만건곤할 제 독야청청'한 낙락장 송을 자부하겠다는 것인가? 과연 그게 필요하기나 한 것인가? 필요 하다고 한들 내가 저들을 설득하고 그 일을 이룰 자신이 있는가?

입시에 볼모잡힌 현재의 교육으로는 원천적으로 윤리적이고 창 의적인 인재를 키울 수 없다는 것, 제로섬 게임 같은 입시전쟁에서 승리하기 위하여 하는 공부의 태반은 결코 나라의 발전이나 인류 세계의 번영에 보탬이 되지 않는다는 것을 나는 믿었다. 이런 교육 의 결과로 얻은 명문대 합격은 출세에 도움이 되고, 학부모의 이기 심이나 모교의 명예욕에 당장이야 만족을 주겠지만, 정작 학생의 행복한 인생과 국가사회의 복지에 긍정적으로 작용하지 못한다고 생각했었다. 그 믿음과 그 회의를 수용하는 대안으로서 나는 학교 도서관을 신뢰하고 있었다. 그러나 나는, 학부모와 학생을 설득하 기 위해서는 학교도서관과 독서가 입시전쟁에서 승리를 담보하는 우군임을 논리적으로 설득하고 결과로서 증명해야 했다. 결과야 뒤에 나오겠지만, 설득논리 개발은 당장 발등에 떨어진 불이었다.

나는 먼저, 대학수학능력시험이 단순 암기식 출제에서 점차 벗어 나 독해력, 논리력, 판단력 등 고등정신기능을 측정하는 쪽으로 바 뀌고 있음에 착안하였다. 더구나 긴 지문과 통합교과적 문항을 다 루면서 학생들은 찍기 식 수험 준비가 안 통하는 것에 곤혹감을 느 끼고 있었다. 거기다 대학에서 수시모집의 비중을 높이면서 심층

면접 또는 논술이 합격 여부에 결정적 구실을 하지만, 이는 평소에 꾸준히 독서를 하지 않은 학생으로서는 감당하기 힘들었다.

나를 회의에 빠지게 만든 또 다른 하나는 정보시대의 문화 충격이었다. 앞엣것이야 해법은 단순하지 않아도 문제만은 해묵은 것이어서 익숙하긴 했지만, 컴퓨터니 인터넷이니 하는 이 외계인의 습격에는 당황하지 않을 수 없었다. 기성세대로선 너무나 낯설어서 '지피知彼'가 안 되니 도무지 대응논리를 개발할 수가 없었다. 새해 경기교육의 정책적 지향을 조율하는 모임에 위원으로 참여하였을 때, 나는 학교도서관 활성화를 주장하고 교육청 수준의 지원과 투자가 절실함을 역설하였다. 그때 교육감에 버금가는 고관이 내 주장에 답변 삼아 편 논리는 이랬다. 종이책을 서가에 쌓아놓고 읽는 시대는 끝났다. 모든 정보가 디지털화하여 아날로그적 공간이나 자료는 불필요해진다. 대강 그런 요지였는데 이에 대응할 만한 논리를 갖추지 못한 나는 난감해질 수밖에 없었다. 내가 목매고 있는 이 사업이 그렇게 시대착오적이란 말인가?

정보시대의 독서, 도서관

하긴 그랬다. 학생들은 컴퓨터로 게임을 하고 채팅을 하고 정보검색을 한다. 그들은 사이버 공간에서 휴식과 오락을 즐기며, 친구와 이성을 사귀고, 숙제와 시험공부를 한다. 그들의 관심권 안에 도무지 종이책이 끼어들 여지가 있을 것 같지 않았다. 더구나 전자책이 개발되어 컴퓨터만 켜면 앉은 자리에서 동영상과 음향까지 제공되는 입체적 독서를 할 수 있는데 턱없이 부담스런 공간에 종이책을 쌓아놓고 읽으라고 하다니 너무 복고주의적 발상이 아닐까? '정보의 바다'라는 인터넷을 통해 실시간으로 얻을 수 있는 지식과 정보가 넘쳐나는데 닫힌 공간에 한정된 장서(그나마 태반은 시효가 지난 낡은 것)에 매달릴 것이 무엇인가? 이런 회의의 늪에서 허우적거리고 있을 때 내게 활로를 열어준 강연이 있었다.

연사는 이공계 전문학자로서 지방대 총장을 맡고 있는 사람이었는데 관념이 아니라 체험에서 독서의 필요성을 확신하는 이였다. 영어와 컴퓨터만 잘하면 정보시대를 살아가는 데 아쉬울 게 없다고 생각하고 그렇게 교육을 했던 그가 자기 생각에 큰 오류가 있음을 깨닫는 데는 그리 오랜 시간이 걸리지 않았다. 정보시대의 경쟁력은 콘텐츠 개발 역량이다. 그런데 그가 겪고 보니, 컴퓨터만 잘하는 사람은 기능의 달인은 될지 몰라도 콘텐츠 개발을 위한 상상력과 창의력은 보여주지 못하더란 것이다. 요컨대 컴퓨터나 인터넷은 도구요 시스템일 뿐 그 콘텐츠를 개발하는 것은 독서를 많이 한 사람만이 가능하다는 얘기였다. 더구나 자연과학이나 기술 쪽의 독서보다 인문·사회계열 독서를 강조하는 데는 더 할 말이 없었다. 예를 들어, 목공예의 경우 첨단 공구나 양질의 노동 조건이 좋은 공예품을 만들어내는 것이 아니라 목수의 창의적 두뇌와 심미적 안목이 훌륭한 공예품을 창출하는 것과 같다고나 할까.

그러나 공공도서관이 됐건 학교도서관이 됐건 현대 도서관이 종이책 위주의 전통적인 독서 자료의 집합소로서 그 의미가 국한된다면 이는 시대의 추세를 외면하는 길임도 확인했다.

종이책을 고집하며 디지털자료를 적대시할 것이 아니라 오히려 정보시대의 강점들을 적극 수용함으로써 전통적 도서관의 기능에 활력을 불어넣고, 도서관 자료 및 기능의 외연을 넓히는 작업을 능동적으로 추구해야 함을 알았다. 내가 전자책에 거부감을 가지면서도 학교도서관 호칭만은 도서정보실로 부르게 한 이유도 바로 전통적 종이책과 디지털 정보를 묶는 신개념의 도서관을 지향하자는 의도였다.

위풍당당한 행진

2000년 새 학년이 시작되면서 나는 어느 정도 자신감을 회복했다. 나는 아예 독서교육부라는 부서를 신설하고 회심의 카드로 K라는 여교사를 발탁하여 부장에 임명하였다. 그리고 처음 담당했던 교사 외에 또 다른 교사까지 합류시켜 탄탄한 팀워크를 구성했다. 확보한 도서가 2400권쯤 되자 먼저보다 3배쯤 되는 2층 공간을 마련하고 도서실을 이전하였다. 12개 서가에 겨우 5개를 사용할 정도로 빈약하긴 했지만 독서교육부 팀은 신이 나서 일을 했고 자꾸 일을 만들어갔다. 경영자로서 일을 해본 사람은 알지만, 부하 직원 가운데는 시키는 일도 안 하는 사람, 시키는 일만 하는 사람, 시키지 않은 일도 만들어 하는 사람 등 세 부류가 있다. 나는 팀에서 일을 만

64

들면 제동을 걸지 않고 행·재정적 뒷감당만 하기에도 벅찼다. 그래도 나는 그들의 신바람을 죽여서는 안 된다고 마음먹고 힘닿는 대로 지원했다. 전용 컴퓨터며 프린터며 바코드 스캐너 같은 것들도 구입했고, 전산화 프로그램도 들여와 데이터베이스 작업도 하였는데, 당시로선 그만큼 갖추는 것도 쉬운 일은 아니었다.

열람실 책걸상이 없어 기술실의 작업대를 갖다 놓고 식당에서 남아도는 싸구려 의자를 빌려오는 등 궁색한 짓도 꽤 했지만, 도서실은 하루가 다르게 새 모습을 갖추어갔다.

그러나 생각지도 않은 난관이 곧 닥쳤다. 열람실을 갖추고 책을 한껏 모아 늘어놓고 담당교사와 도우미 학생까지 대기하며 밤중까지 불을 켜놓았지만, 정작 학생들이 모여들지 않았다. 가보면 항상 선생님과 도우미 학생만이 파리를 날리고 있었다. 그렇다고 대출자가 많으냐 하면 그것도 아니었다. 태반의 학생들은 도서실에 관심이 없었다. 나는 당혹감을 금할 수 없었다. 담당자들도 맥이 풀리긴 마찬가지였다. 그렇지만 조금만 생각해도 이해 못할 상황은 아니었다. 이적까지 책하고는 담쌓고 지내던 애들이었다. 집에서나 학교에서나 공부 못한다고 구박이나 받으며, 마지못해 교과서와 참고서 나부랭이를 붙잡고 졸던 애들이 하루아침에 독서광이라도 되기를 바랐더란 말인가. 나는 극히 자연스런 풍경, 당연한 결과에 실망스런 표정을 짓고 있는 자신이 오히려 한심스러웠다.

나는 개업을 하고 손님을 기다리는 가게 주인의 심정이 되었다. 우리는 손님을 끌어들이기 위하여 작전을 짰다. 우선 도서 선정에서부터 풀어나가기로 했다. 겨우 우유나 먹을 유아라면 아무리 성찬을 차려 준들 먹을 것이며 먹은들 어떻게 소화를 시킬 것인가. 우리는 만화를 사들였고, 무협소설과 판타지소설을 사들였다. 그리고 도서실에 들어오는 애들에게 인센티브(?)로 막대사탕을 하나씩 주기로 했다. 당시 애들이 점심시간이면 막대사탕을 빨고 다니는 것을 보고 얻은 아이디어였다. 의도는 적중했다. 일찍 점심을 마친 애들은 심심풀이 삼아 도서실로 왔고, 오면 막대사탕을 주니 그것을 빨면서 만화책을 뒤적거리는 재미가 제법 쏠쏠했을 것이다.

입소문을 타고 애들이 모여들자 점심시간이나 일과 후에는 우리 가게가 모처럼 문전성시를 이루었고, 나는 '그러면 그렇지!' 하고 흐뭇한 미소를 지었다. 그러나 저녁 시간이 되어 애들이 밥 먹으러 가면 가게는 다시 텅 비었다. 당시엔 야간 자율학습이 없었던 때였기에 학교급식도 없었다. 저녁 시간에 남아 있는 열성적 독서자에게 사발면을 제공하면 어떻겠느냐는 의견이 조심스럽게 나왔다. 나는 그거 좋은 아이디어라고 추어주면서 행정실에 사발면 제공을 지시했다.

아, 이렇게 우여곡절을 겪으며 역사의 수레바퀴는 위풍당당하게 굴러갔다.

다시 도전하는 도서관 2

대입을 지상과제로 삼는 일반계 고등학교 교장으로서 나라고 본업에 무심할 리가 없었다.

날밤을 새우며 고민했고 남들 못지않게 몸부림을 쳤다. 우선 현장 접근이 보다 빠르고 현장 장악이 보다 수월하도록 학교 옆으로 서둘러 이사를 했다. 말하자면 일찌감치 포석을 놓음으로써 화수 고등학교라는 고집 센 당나귀와의 본격적인 씨름을 앞두고 샅바싸움에서 기선을 잡자는 의도였다. 타성에 젖은 교사를 깨우고 자질을 향상시키고자 가지가지 연수를 강화했고, 정말 아니다 싶은 인물들은 퇴출시켰다. 진학을 포기한 학생들은 따로 모아 한 학급을 만들어 직업훈련을 하도록 위탁교육을 보내고, 진학희망자는 그들대로 다부진 각오와 꿈을 가꾸도록 몰아갔다. 교사의 교육열과 학생의 향학열에 불을 지피고자 애쓴 보람이 나타나자 교육청으로부터 교육계획 우수교니 학교관리 우수교니 하여 표창도 오고, 교육감 지정 교실수업개선 시범교도 되었다. 독지가의 도움으로 우수 학생 20명에게 2년 동안 매일 아침 원어민 영어회화를 무료로 가르치는 등 이색 프로그램을 시작한 것도 이때였다.

변화는 학생들에게서 먼저 왔다. 고작 축구대회로나 열 올리고 오후 4시만 되면 썰물처럼 학교를 떠나던 학생들이 웬일로 학교에 남기 시작했다. 마침내 억지로 붙잡지 않아도 1,2학년 태반이 9시까지 남아 자율학습을 했고, 3학년 교실은 11시까지 불이 꺼지지 않게끔 되었다. 교장을 미심쩍어하던 교직원이나 학부모들의 눈길도 한결 호의적으로 변해갔다.

도서관을 위한 큰 걸음

이쯤 되자 나의 도서관 작전도 보다 과감해졌다.

첫 번째 작전은 이상적인 학교도서관을 꾸밀 정보의 수집이었다. K부장을 비롯한 독서교육부 교사들을 틈틈이 출장 보냈다. 서울과 지방의 초등학교에서 고등학교까지 학교도서관이 잘 돼 있다는 곳을 찾아가 우리가 벤치마킹할 대상이 있는가 탐색하고, 우리가 본받을 사항이 무엇인가 자료를 수집하게 했다. 역사 깊고 부유한 사립학교 도서관들은 나의 관심권 밖이었다. 단독건물 또는 그에 준하는 번듯한 도서관은 도움이 안 되었다. 내가 의도하는 도서관은 수업하는 교실들 틈바구니에 겨우 두세 칸 크기로 마련된 작은 도서관이었다. 그래서 도서관이라기보다는 도서실이라 함이 어울렸고, 나는 화수고등학교 도서관 호칭을 끝내 '관'이 아닌 '실'로 고집했다.

두 번째 작전은 여전히 장서 확보였다. 학교운영비에 기대는 것도 한계가 있고 학부모에게도 별 소득이 없자 나는 눈에 불을 켜고 전방위로 두리번거렸다. 신설학교라 크고 작은 공사가 잦은 편인데 업자들이 학교에 무엇을 내놓겠다거나 또는 학교장에게 인사를 하겠다고 찾아오기도 했다. 비리로 번질 수 있는 일이지만 관행도 없지 않았던 모양이다.

이를 단호히 거절하다 보니 업자들의 선의를 오해하는 일면도 있는 듯하고, 업자들의 엉뚱한 의구심조차 없지 않음을 깨달았다. 어느 때는 거절하는 내 편에서 오히려 속이 편치 않았다. 이 틈새에 적절히 끼어든 것이 행정실인데, 이 사이비 청백리 초짜 교장이 책이라면 사족을 못 쓰니 도서 기증으로 대신하라고 귀띔한 모양이다. 이로부터 발전기금규정에 따라 도서기증이 이루어졌다. 눈치 챈 업자들은 내게 드링크 한 박스 사오는 대신 도서상품권을 몇 장 사서 행정실에 맡기고 갔다. 누가 도서상품권 가져왔다 하면 내 입이 함박처럼 벌어지는 꼴을 보고 행정실에서는 속으로 얼마나 웃었을까.

교장이란 사람의 이런 병病인지 벽癖인지가 소문을 탔던지 학교장한테 인사 오는 이들이 도서상품권 몇 장 든 봉투 가져오는 것이 유행처럼 번졌던 적도 있다. 한번은 전임 일산동고등학교 젊은 교사 한 떼가 퇴근길에 큰 맘 먹고 날 찾아왔다. 고마워서 다과로 응접하고 저녁 대접까지 하여 보내는데, 아닌 게 아니라 좀 섭섭했다. 아무리 젊어서 뭘 모른다고 해도 돈푼이나 버는 친구들이 승진한 전임 교감을 찾아 인사를 오면서 하다못해 박카스 한 통이라도 사오는 것이 예의지, 이렇게 덜렁덜렁 빈손으로 오다니! 그런데 작별인사를 하면서 그들이 내미는 봉투 하나. "교장 선생님이 학교도서관을 만들기 위해 책 모으기를 하신다고 들어서 저희가 돈을 걷어 도서상품권 몇 장 사 가지고 왔습니다." 적지 않은 상품권이 두툼하게 담겨진 봉투를 받아들면서 나는 감격하여 목이 메었다.

이 무렵에 내게 큰 힘을 보태준 제자가 있었다. 새천년 벽두, 모처럼 가족 동반하여 세배를 온 제자 H군, 그는 평택고등학교에서 문예부장을 하면서 도서관 일이랑 시화전 같은 행사랑 나를 참 많이 도와주었다. 나는 출판평론가로 왕성한 활동을 하는 그에게, 학교도서관을 제대로 만들고 싶어 기를 쓰는데 솔직히 외롭다고 하소연을 했다. H군은 돌아가서 얼마 후 내게 전화를 했다. 자기가 책을 1000권쯤 보내주겠다는 것이다. 나는 귀를 의심했다. 내가 잘못 들었든지 그가 잘못 말했든지 어느 쪽이든 간에 아마도 동그라미 하나를 잘못 쳤지 싶었다. 그런데 그는 정말 1000권이나 되는 새 책을 실어 보냈다. 나는 이게 꿈이냐 생시냐 할 정도로 기뻤고, 도서관 만들기에 용기백배하였다.

도서관 이전 프로젝트

세 번째 작전이 도서관 이전이었다. 10평 공간에서 30평 공간으로 옮겼지만, 1천 수백 명이 쓰기에는 비좁았고, 위치도 음습한 북쪽

70

방이었다. 내가 도서관 자리로 고르는 곳은 학교에서 가장 양명陽明
한 자리, 가장 접근성이 뛰어난 자리, 가장 쾌적한 자리여야 했다.
그런 자리가 있었다. 바로 2층에 자리 잡은 교무실이었다. 교실 3개
를 터서 만든 60평짜리 공간, 이 정도면 되었다. 건축 단계부터 교
무실로 설계해서 창문도 한식 완자창 문양으로 고전적인 분위기였
고 난방시설도 독립적으로 가동할 수 있었다. 5층 건물에서 2층의
중앙이니 드나들기에 가장 편리하다. 나는 이 교무실 위치를 반영
구적 안성맞춤 도서관 자리로 점찍었다. 그런데 70명이나 되는 교
원들을 어떻게 달래어 내보내나? 사실상 가장 쾌적한 명당자리에
서 선생님들을 내모는 일인데, 군사독재 시절도 아니것다, 교장의
명령 하나로 재깍 실행할 수 있는 일은 전혀 아니었다. 일차적으로
교감과 행정실장의 동의와 협조는 필수지만, 사실은 교사들을 설득
하는 것이 더 어려운 일이다.

　나는 두어 달이나 끙끙 속을 앓았다. 그러다가 작심을 하고 직원
회의에서 이런 식의 논리를 폈다. 학교장으로서 나의 소신인즉, 학
생이든 교직원이든 우리 학교의 모든 식구들이 만족감을 느끼고
행복하게 생활하도록 돕고 싶다. 다들 알다시피 직장 생활에서는
스트레스가 가장 큰 병이다. 그런데 직장생활의 스트레스는 일이
많아서 오는 것보다는 대인관계의 갈등에서 오는 경우가 월등히
많다. 이 대인관계 스트레스는 좁은 공간에서 많은 인원이 있을 때
특히 커진다. 가축도 좁은 공간에 많은 수를 사육하면 스트레스로
난폭해지고 심하면 폐사한다고 하지 않더냐. 쉬는 시간이면 교사

70명에 학생들과 학부모까지 들락거리며 북적대는 모습, 이것이 도떼기시장이지 뭐냐! 이런 식으로 운을 띄워 놓고 며칠 뜸을 들인 후 이번엔 이렇게 말했다. 교사는 수업을 하기 위하여 연구실에 버금가는 공간이 필요하다, 대학에선 교원마다 개인 연구실을 주는데 고등학교는 그렇지 못하니 문제다, 최소한 같은 교과나 같은 부서 사람들끼리 모여 연구하고 대화하는 독립된 공간이 필요하다, 교장으로서 이 문제를 해결하고자 고민 중이다, 그러고 나서 나는 교사들의 눈치를 살폈다. 교장의 구상이 이상적이라고 공감하는 분위기가 대세로 자리 잡는다면 더 바랄 게 없겠지만, 적어도 이렇다 할 반발 움직임은 없음이 확인되었다.

나는 2월의 학년말 휴가 기간을 디데이로 삼아 청야 작전 하듯이 교무실을 깨끗이 비워버렸다. 그러고 나서 60평 공간을 이 끝에서 저 끝으로 왔다 갔다 하며 얼마나 흥분했는지 모른다. 스포츠 댄스라도 배우기만 했더라면 아무나 붙잡고 왈츠라도 한바탕 추고 싶은 심정이었다. 도서관 팀 선생님들도 신바람이 나서 대청소를 하였다. 나는 내친 김에 옆에 있던 10평짜리 특별실을 터서 문을 내고 거기를 사서실 겸 작업실로 쓸 수 있게 리모델링을 하였다.

교원들의 집무실은 무려 9개의 크고 작은 방으로 나누어 딴살림을 내보냈다. 연구실 체제로 꾸미면서 책상을 새로 들이고 칸막이 설치를 하고 도배를 하고 바닥을 깔고, 게다가 음수대니 공기청정기니 찻장이니 에어컨이니 각종 집기까지, 혹시 서운해 할까 싶어 최대한 배려를 했다.

꿈의 도서관 문 열다

나는 그동안 K부장을 비롯한 팀 소속 선생님들과 소리 없이 도서관 설계 작업을 진행했다.

출장 다니며 얻은 자료를 종합하여 절충하면서 우리 학교에 맞는 공간 설계도를 만들어 보았다. 남쪽에 배치하는 양면서가는 햇빛 으로부터 도서를 보호하기 위하여 가로 배치를 하고, 복도 쪽으로 는 공간의 낭비를 최소화하기 위해 단면서가를 벽에 붙여 배치하 자. 디지털 기기는 서가와 분리하고 사서나 도우미가 관리 감독하 기 편하게 대출코너 가까이 배치하는 게 좋겠지. 브라우징 코너는 출입구 오른편에 설치하되 3단 서가로 삼면을 막아 독립공간의 효 과를 내면 휴식공간으로 써도 눈에 거슬리지 않을 듯하고… 그리 고 열람석은 칠판이 달린 서쪽을 향하도록 하여 넉넉한 공간을 주 자. 참, 신문걸이랑 비도서 자료 둘 곳도 따로 마련해야겠네.

K부장에게 이 설계를 주어 이름 있는 문헌정보학과 교수에게 자 문하게 했더니, 이런 식의 도서관 설계는 본 적이 없다며 시답잖아 하더라고 했다. 적이 실망스러웠지만 그래도 하지 말라고 만류하 지는 않더라기에 결단을 내렸다. 자, 이제까지 전문가가 본 적이 없 는 학교도서관을 우리 학교가 처음으로 시도하는 거다. 출발! 무식 하면 용감하다고 했듯이, 우리 팀은 무모한 확신에 앞날을 맡기고 전진했다.

그렇다! 나의 무모한 듯한 돌진은 마침내 제동이 걸릴 처지였다.

독지가 등의 도움까지 받아 장서 확보라는 목표가 거의 이루어져 가는 중이고, 명당자리에 100평이나 되는 공간을 확보하여 '전문가가 일찍이 본 적이 없는' 낯선 것일망정 설계까지 마쳤는데, 시설비가 없었다. 나는 도서관 확충계획을 가지고 도교육청으로 달려갔다. 본래 숫기가 없어 남한테 아쉬운 소리 하는 것을 무척이나 싫어하는 성격이었지만, 눈 딱 감고 더러는 굽실대며 보채고 더러는 열정적으로 설득했다. 비빌 언덕이 됨직한 부서와 보직을 찾아가 한참 비비다 보니 기획부서에서 먼저 4700만 원이 나왔다. 그 돈으로 컴퓨터 11대에 프린터와 복사기 등을 사들이고, 서가와 열람대 등 기자재를 구입했다.

그런데 얼마 후 운 좋게도 타이밍이 맞아떨어졌다. 교육부에서 학교도서관 활성화와 도서관 정보화 등을 정책적으로 밀기 시작한 것이다. 경기도교육청에서도 교육부의 이 정책을 효과적으로 수행하기 위하여 간판이 되고 모델이 될 만한 학교를 원했다. 나는 즉각 학교도서관 선도학교 지정을 받아냈다. 딴 학교엔 준비가 전혀 안 돼 있기에 경쟁 없이 따낸 성과였다. 2000만 원을 지원받았다. 그 돈으로 일용직일망정 사서직원을 채용하고, 빔 프로젝터며 실물화상기며 그 밖에 각종 도서자료를 사들였다.

이쯤에서 그런대로 구색을 맞추었다고 판단한 나는 도서정보실이란 간판을 내걸고 손님들을 초대하여 그럴듯한 개관식을 열었다. 5월 9일, 날짜도 잊지 않았다. 개관 테이프를 끊고 들어선 이웃 학교 교장들이며 학부모들은 소리 없이 준비해온 성과를 처음으로 대하고 충격을 받았다. 고작 폐가식 서가에 책 1000~2000권 꽂혀 있는 도서실을 상상하던 그들에겐 도서실의 개념 자체가 충격적이었던 것이다. 이 대목은 뒤에 좀더 자세히 이야기하겠다.

원님 덕분에 나팔 불다

남들이 미처 학교도서관 개념조차 의식하지 못한 때에 조금 앞서 나아간 덕분에 신설 학교 초짜 교장의 무모한 배팅이 어쩌다 홈런을 친 형국이지만, 결과적으로 교육정책의 흐름에 편승한 셈이어서 마치 원님 덕분에 나팔 분 격이 되었는지도 모른다. 곧 디지털 자료실 시범학교라나 하는 것으로 선정하더니 2천 수백만 원을 다시 지원해 주었다. 컴퓨터도 더 보강하고 오디오와 비디오테이프, DVD, CD 등 비도서 자료를 사들였다.

이어서 디지털 자료실 시범학교 및 학교도서관 선도학교 공개 발표를 하면서 경기도 안에서는 유명해졌다. 도서관을 신설하는 학교나 리모델링하는 학교마다 화수고등학교에 견학을 오고 자료를 얻어가는 바람에 화수고의 '낯선 모델'이 학교도서관의 표준형처럼 번져 나갔다. 심지어 어떤 학교장은 1억 원을 구해다 주면서 "화수고등학교가 도서실 만드는 데 1억 원쯤 들었다고 하더라. 이 돈 가지고 화수고도서관과 똑같이 만들어 놓아라." 하고 지시했다며 담당자와 행정실장이 찾아와 도움을 청하기도 했다.

나팔 부는 행진은 계속되었다. 공립고등학교로서는 경기도에서 처음으로 정식 사서교사를 받는 영광(?)도 누렸다. 학교도서관 우수사례육성학교로 지정되면서 또 5000만 원을 지원받았다. 제자 H군의 도서 기증은 1000권씩 두 번 더 이루어졌고, 넘쳐나는 책을 감당할 수 없어 10평짜리 서고를 따로 만들어야 했다. 뒤에 다시 말하겠지만, 이른바 서당식 교실이라는 색다른 컨셉트의 20평 열람실도 다시 만들었다.

2003년 7월, 교육부에서 나온 시도교육청 평가단이 현장방문평가를 위해 화수고를 찾았다.

교육부의 엄청난 예산이 차등 지원되는 평가여서 부교육감이 사전에 세 차례나 내방하여 독려할 만큼 관심을 보인 행사였다. 경기도교육청이 경기도 교육기관 중 공교육내실화 분야의 대표주자로 화수고를 지명해서 이루어진 일이었다. 평가단으로부터 칭찬과 격려를 많이 받았는데 그 중의 백미는 '전국 어느 시·도를 가나 초등학교와 중학교의 도서관은 보여줘도 고등학교 도서관은 안 보여주던데 경기도는 고등학교 도서관을 보여줘서 고맙다'는 것. 의미심장한 말이다.

이 행사 때도 그랬듯이 교육청으로부터 예산 지원이 필요하면 신청을 더 하라는 권유를 받았지만 나는 사실상 거절하였다. 딴 학교를 위해 이제 사양할 때가 되었다는 판단 때문이었다. 그만큼 배가 불렀는지도 모른다.

성공하는 도서관의 조건 1

요즘 애들처럼 공부를 많이 하는 세대가 일찍이 없었다. 아침도 못 먹고 등교하여 조조학습부터 야간자율학습까지, 그것도 모자라서 학원으로 독서실로 뺑뺑이질을 할 만큼 공부에 목숨을 건다. 고3 학생만이 아니라 초등학생과 유아들에 이르기까지 난리 바가지이다.

그런데 요즘 애들은 왜 책을 안 읽을까? 예전엔 공부하는 것을 '글 읽는다'고 말할 정도로 '독서'가 교수-학습의 시작이자 끝이었다. 물론 현대의 교수-학습은 그렇게 단순할 수 없고, 그래서도 안 된다. 그건 그렇다 치더라도 독서만큼 효과적인 교육 수단은 없어 보인다. 음독에서 묵독으로 발전했다거나 집중형, 분산형에 검색형이란 새로운 독서 방법이 도입됐다거나 그런 변화와는 상관없이 독서는 교육방법으로서 불가피한 선택이다. 다시, 그런데 요즘 애들은 왜 책을 안 읽을까? 제 돈 내고 책 사보라는 것이 아니다. 입장권 없이 들어갈 수 있는 도서관에 들러 거저 보고 거저 가져다 읽으라는데 말이다. 선반마다 보물단지 같은 책들이 저마다 갖가지 치장을 하고 매혹적인 표정을 지으며 기다리고 있는데 왜 도서관엘 가지 않을까?

애들만 탓할 일인가

근자에 나온 전국적 통계에서도 비슷한 결과를 확인했거니와, 조금 묵은 데이터에다 시·도 단위 통계이긴 하지만, 내가 가지고 있는 자료(「2003 경기도 학생 독서실태」, 경기도교육청)에서 해답을 찾아보자.

※ 학교도서관을 이용하지 않는 이유

1. 읽을 만한 책이 없어서(고 33.4%, 중 34.6%)

2. 학원/과외 등으로 바빠서(고 19.4%, 중 15.1%)

3. 도서관을 자유롭게 이용할 수 없어서(고 8.4%, 중 10.4%)

※ 공공도서관을 이용하지 않는 이유

1. 집에서 멀어서(고 27.6%, 중 25.4%)

2. 학원/과외 등으로 바빠서(고 16.7%, 중 18.9%)

3. 읽을 만한 책이 없어서(고 11.9%, 중 14.8%)

정말이다. 읽을 만한 책의 절대량이 부족하다. 위와 비슷한 시기에 나온 통계를 보면, 경기도 학교도서관의 평균 장서량(학생수 대비)은 중학교가 세 권이고 고등학교는 네 권이다. 학생수 500명이라면 1500-2000권이고, 1000명 학교라 해봤자 3000-4000권에 불과한 것이다. 그나마 학생들이 볼만한 책이 과연 몇 권이나 될까 회의적이다. 요컨대 장서의 양과 질이 확보되지 않는다면 학생들은 도서관으로 오지 않는다.

그리고 접근성의 문제이다. 집에서 멀든 자기 교실에서 멀든 접근성이 떨어지면 안 간다. 화단이나 잔디밭을 가꾸는 학교치고 학생들의 발길 때문에 치를 떨지 않는 학교는 없다. 치를 떤다는 표현이 과격하게 들릴지 모르지만, 일찌감치 체념하면 그만이로되 집착하면 치를 떨게 돼 있다. 조금만 돌아가면 되련만 한 발짝 반 발짝만 가까워도 밟고 간다. 젊은 애들이 다리가 아픈 것도 아닐 텐데 왜 그렇게 야박하게 거리 계산을 하는지 끔찍할 정도이다. 대학이야 어쩔 수 없지만, 중·고등학교에서 독립 건물로 도서관을 짓는 것은 실패의 지름길이다. 돈 많은 서양 학교들도 메인빌딩 안에 도서관을 갖고, 따로 짓지는 않는 것이 통례라고 알고 있다. 같은 건물에 있어도 꼭대기 층이나 구석에 두면 실패하기 십상이다. 눈에 잘 띄고 동선이 가급적 짧아야 한다.

학원이나 과외 때문에 바빠서 책을 못 본다는 말은 그럴 듯하지만, 사실은 그것도 웃기는 대목이다.

※ 여가시간은 어떻게 활용하나?(순위)
(중) 1. 인터넷 하기 2. TV 시청 3. 컴퓨터 게임 4. 음악 감상 … 8. 독서
(고) 1. TV 시청 2. 컴퓨터 게임 3. 인터넷 하기 4. 음악 감상 … 6. 독서

그러니까 시간이 남아도 독서는 안 한다는 얘기다. 단지 영상매체나 전자매체 앞에 종이책이 쪽을 못 쓰기 때문에 그런 걸까?

슈퍼마켓에서 배워라

나는 학교도서관을 슈퍼마켓에 비유하길 좋아한다. 장사란 게 우선 목이 좋아야 한다고들 한다. 식구마다 승용차를 가지고 있는 세상이 됐다고는 하지만 멀리 가는 것은 환영받지 못한다. 큰 물건 살 때라면 몰라도 일상적으로 쓰는 생활필수품을 사러 먼 길을 가는 것이라면 누구도 좋아하지 않는다. 주부들이 오다가다 들러 콩나물이랑 두부랑 애들 군것질거리랑 쉽게 살 수 있어야 한다. 저녁을 하려다 찬이 마땅찮아 잠깐 나가서 찌개거리나 생선을 사올 수 있는 정도가 좋다. 학교도서관은 학생들에게 동네 슈퍼, 생필품 파는 할인마트여야 한다. 명품 매장이나 고급백화점일 필요는 없다.

또 하나 중요한 것이 있다. 물이 좋아야 한다. 신선한 채소, 싱싱한 과일, 유통기한이 많이 남은 식품일수록 좋다. 미국에 이민 간 한국인들이 가장 확실히 성공한 업종이 식품가게였다고 하지 않던가. 단잠을 포기하고 새벽에 수십 킬로를 달려 농장으로 가서 갓 뽑은 채소를 갖다 놓으니까 인종차별 심한 흰둥이들도 그 가게 물건을 안 살 수가 없었던 것이다.

연수원에 있을 때 겪은 일화가 있다. 구내매점을 직영에서 위탁으로 돌리면서, 기왕이면 어려운 퇴직교원에게 기회를 주자는 배려로, 그들 모임인 삼락회三樂會에 연락하였다. 사업한다는 자식한테 퇴직금 다 떼이고 생계가 막연한 초등학교 퇴직교장이 뽑혔다. 처음엔 매점이 그럭저럭 되었지만, 시간이 갈수록 한산해졌다. 가까운 경쟁 업소가 없는데도 연수생들로부터 외면을 당했다. 주로 군것질거리 장사인데, 물건의 선도鮮度가 너무 떨어진다는 것이 가장 큰 불만이었다. 이를테면 과일을 일단 갖다놓으면, 시들고 상할지언정 다 팔아야 새 물건을 들여놓겠다는 배짱(?)을 부렸다. 안 팔리는 것은 제때 처분하고 신선한 것으로 바꿔 놓으라고 권고하자, 그러면 손해다, 버리기 아깝다 하며 듣지 않았다. 몇 달 버티던 퇴직교장은 어느 날 문을 닫고 행방을 감추었다. 늘그막에 몇 푼 벌어 생계나마 자기 손으로 꾸려 보겠다고 나섰다가 파탄에 이른 것이다. 교육현장에 이런 대책 없는 고집통이 CEO들이 남아 있는 한 도서관은 살아나지 못한다.

접근성이 아무리 좋은 슈퍼라도 선도가 떨어지는 상품을 진열한다면 안 팔린다. N세대 청소년들에게 발행연도가 몇 해 지난 묵은 책은 시든 야채와 다를 바 없다. 학생들에게 교사가 필독도서라고 강권하고 고전이라고 추천하는 책들은 이미 썩어가는 과일일지 모른다.

장서량을 자랑하기 위해 수십 년 된 책까지 고이고이 진열하는 도서관은 유통기한 지난 상품을 파는 악덕 매장이다. 슈퍼마켓에도 유통기한이 따로 없는 상품도 있고, 2,3년을 두고 팔아도 되는 상품도 있겠지만, 태반은 신선한 상품으로 자주 교체해야 한다. 20년을 써도 끄떡없는 전자제품도 해마다 새로운 디자인과 새로운 컬러의 신형 모델이 나온다.

오래 묵은 책은 아깝다 생각지 말고 폐기처분해야 한다. 새로 나오는 책, 청소년 독서의 흐름을 타는 책들을 수시로 사들여야 한다. 미국에 가서 초·중등 학교도서관을 연구하고 돌아온 학자의 보고에 이런 것이 있다. 학교에서 해마다 상당량의 책을 사긴 사는데 장서량 통계는 이렇다 할 변화가 없이 늘 그 수준에 머물러 있더란 것이다. 왜 그런가 알고 보니, 새 책 100권을 사면 묵은 책 100권을 폐기처분하더란 것이다. 우리 몸의 신진대사처럼 먹는 만큼 배설하여 몸무게는 노상 그대로인 것과 마찬가지다.

당신들, 또 예산타령이군요. 일하기 싫은 사람, 무능한 사람의 유일한 변명거리가 예산타령이라는 것쯤은 말 안 해도 압니다.

견물생심이라더니

퇴직하고는 아내와 쇼핑하러 가는 일이 잦아졌다. 쇼핑이라 해봤자 할인마트의 슈퍼 정도이지만, 그래도 나의 동행이 아내에겐 위안이 되는 모양이다. 처음에는 쌀이 떨어졌다느니 세제가 동났다느니 하며 한두 가지만 사면 될 듯이 말하지만, 막상 가서 진열된 상품들을 기웃거리다 보면 이것저것 주섬주섬 쇼핑카에 담기 시작하고, 결국 생각지도 않던 물건들을 몇 가지는 더 사게 마련이다. 견물생심으로 이렇게 사도록 만들자면 다양한 상품이 푸짐하게 진

82

열되어 있어야 한다. 볼품 있게, 먹음직스럽게, 눈길을 끌고 발길을 멈추게 말이다.

그러니까 학교도서관에 학생들이 꼬이고, 그들이 책을 보지 않을 수 없게 만들려면, 일단은 장서량이 많아야 한다는 게 내 소박한 논리이다. 신선도가 담보된 책이 적어도 5000권만 되면 어떤 학생에게라도 관심 끌 읽을거리는 반드시 있다. 내 경험으로는 1만 권을 확보하고 나면 읽을 게 없어 도서관에 안 간다는 소리는 나올 수가 없다. 몇 해 전에 교육부인지 교육청인지에서 고등학교 도서관의 기준 장서량을 학생 1인당 10권으로 제시한 바 있지만, 전교생 200명 학교에 10배수로 따지면 겨우 2000권이 나오니 이 기준도 큰 의미가 없다. 차라리 기본 장서량은 별도로 제시할 필요가 있을 것 같다.

아울러 일러주고 싶은 노하우가 있다. 아무리 물품이 다양하고 신선도가 높고 진열이 잘 되었다 치더라도 일단 고객을 매장까지 끌어들이지 않으면 안 된다. 견물생심도 와서 보고 난 뒤의 얘기가 아닌가. 그래서 등장한 것이 이른바 기획 상품이요 미끼 상품이다. 제품의 품질을 빼어나게 하건 제품 값을 파격적으로 저렴하게 매기건, 일단 고객의 마음을 흔들어 발길이 매장으로 향하도록 하는 아이디어 상품이 필요하다. 어쩌면 그 상품은 팔면 팔수록 손해일 수도 있다. 그러나 그 상품을 사러 온 김에 다른 상품을 사 간다면 그 손해는 벌충하고도 남으니까 걱정할 필요는 없다.

학생들의 발길을 일단 도서관으로 끌어들여야 한다. 앞서 말한

바 있듯이 도서관에 들어오는 학생들에게 막대사탕을 주거나 컵라면을 제공한 것도 미끼요, 인기 있는 만화책과 무협지 등을 진열한 것도 그것이다. 그러니 그 방법은 무궁무진하다고 해야 한다.

나는 학교도서관 운영에 관하여 강연을 다닐 때마다, 성공하는 도서관 운영을 하려면 도서관을 생필품 매장으로, 학생을 고객으로 생각하라고 늘 주장했다. 고객이 안 오면 업소는 문을 닫고 업자는 파산에 이르고 말듯이, 그런 절박한 심정으로 해보라고 강조한다. 시중 매장과 다른 것이 있다면, 학교도서관은 동업과의 경쟁이 없다는 점이라고나 할까.

고객은 왕이다

유통업에서 시작된 말로 알지만, 흔히 고객은 왕이라고 한다. 그런 논리의 연장선상에서 본다면 학생은 학교도서관에서 왕이다. 미끼 상품 얘기가 나왔으니 말이지만, 내가 학교도서관이란 매장에서 미끼상품으로 재미 본 것 한 가지를 두고 말해보겠다. 그것은 잡지(대부분 월간지)이다. 단행본에는 손을 잘 내밀지 않는 학생도 잡지에는 쉽게 다가간다는 것을 깨닫자, 나는 잡지의 정기구독을 파격적으로 늘렸다. 처음엔 선생님들의 추천을 받아서 구독지 목록을 만들었는데 모두 '좋은 잡지'들이었다. 그러나 미끼는 물고기가 좋아하는 것이어야지 낚시꾼이 좋아하는 것이어선 안 된다. 낚시꾼은 징그럽고 싫더라도 물고기가 좋아하니까 지렁이나 구더기를 미끼로 쓰는 것이다.

　나는 교사들이 추천하는 책의 5분의 1만 사게 하고, 나머지는 학생들이 좋아하는 것, 그들이 원하는 것을 사자고 했다. 학생들이 선호하는 책을 뽑다보니 만화, 컴퓨터게임, 요리, 패션, 자동차, 스포츠, 연예 등이 주류였다. 대학입시나 학습에 관련된 것은 전혀 없었다. 나는 흔쾌히 오케이를 하고 30여 종의 잡지를 사서 진열하였고, 그 앞에는 브라우징 코너를 설치하였다. 쉬는 시간이면 학생들이 몰려와서 점찍어 두었던 잡지를 먼저 차지하려고 북새통이었다. 원하는 잡지를 남에게 선점당한 학생은, 꿩 대신 닭이라고 다른 잡지를 고르거나, 그도 안 되면 별수 없이 딴 책을 찾으러 서가 사이로 가게 마련이다. 이런 애들은 대개 방목하는 초식동물처럼 어슬렁거리며 이 책 저 책 뽑아서 몇 장씩 넘겨보다가는 시답잖은 듯 딴 서가로 옮겨가곤 하지만, 뜻밖에 마음 끌리는 책을 발견하면 열람 테이블로 옮겨 앉는다. 이렇게 하여 만화책이나 스포츠잡지로 시작한 도서관 출입이 제법 독서다운 독서로 발전하고, 마침내는 독서광으로 도약하는 것이다.

　여름방학을 앞두고 한 학기(정확히는 4개월 남짓)를 정리하는 통계를 내보니 100권 이상 대출받아 간 학생이 손가락으로 꼽기 힘들 만큼 나왔다. 1년 통계를 보면 무려 300권 이상을 빌려가는 학생도 더러 있다. 책을 구할 수 없어 쩔쩔매던 우리 세대로선 상상하기도 힘든 일이다. 어쨌건 남독일지언정 얼마나 대견한가. 그러나 만화책이나 잡지는 대출이 안 되니까 제쳐놓고 보더라도, 대출 서적의 면면을 훑어보노라면 그리 바람직한 경향은 아님을 알 수 있다. 무협지, 판타지, 로맨스 등의 소설이 주류였다. 다대출 목록을 보면, 『영웅문』이니 『묵향』이니 하는 것은 무협지 같고, 『퇴마록』 『비상하는 매』 『드래곤 라자』 『가즈나이트』 『해리포터』 등은 판타지 계열인 모양이고, 『가슴에 새긴 너』 『남자의 향기』 『국화꽃 향기』 따위는 로맨스 소설인 모양이다.

일단 학생들을 도서관으로 끌어들이고 책을 읽게 하는 데까지는 성공했지만, 나는 우리 학생들의 독서 성향이 이런 흥미 위주의 소설에 그칠까봐 내심 고민이었다. 전인적인 성장이란 거시 목표나 고등한 지적 능력 배양이란 효용론은 말할 것도 없고, 창의적이고 주도적인 사고력과 학습력 배양이란 교육적 명분도 말짱 꽝이 아닌가 하고 불안해졌다. 그러나 시간이 지나면서 학생들의 지적 욕구는 빠르게 향상되었다. 그들의 관심이 역사, 지리, 과학, 철학, 예술, 종교 등으로 광범위하게 퍼져나가는 것을 확인하고야 겨우 가슴을 쓸어내렸다.

브라우징 코너만 해도 그랬다. 도서관에만 오면 정숙이 제일의 미덕인 양 강조하여 도서관을 오직 범생이들의 천국으로 만들 일이 아니었다. 입과 몸을 놀리지 않고는 잠시도 못 배기는 소양小陽 체질의 수선스런 애들도 부담 없이 도서관을 찾도록 하자고 만든 것이니, 그야말로 방목 코너였다. 처음엔 앉아서도 몸을 비비 틀고, 엎드리거나 눕다시피 하고서야 책을 보는 놈도 있고, 게다가 속닥거리고 킥킥거리고 시끌시끌했다. 인내심을 가지고 내버려 두었더니, 누가 뭐라 하지도 않았건만, 언제부턴가 학생들의 자세가 바르게 변하고 아무도 없는가 싶을 만큼 조용해졌다.

성공하는 도서관의 조건 2

학교장을 대상으로 하는 연수에 강사로 나선 나는 학교도서관에 관하여 한바탕 열변을 토했다. '이쯤이면 당신네들 말이야, 노상 입시교육에만 목을 매달 일이 아니라 독서교육이 얼마나 소중한지, 또는 학교도서관이 얼마나 필요한지 알아듣겠지?' 하고 속으로 오금을 박으며 우쭐한 기분으로 강단을 내려왔다. 그런데 할 말이 있는지, 못 보던 교장 한 분이 나를 따라왔다. 어느 고등학교 교장이라고 자기를 소개했다. 아, 그 학교는 사립 S고등학교로 학교도서관이 훌륭하기로 소문난 학교가 아니던가. 나는 얼마큼의 존경심과 함께, 이거 내가 혹시 공자 앞에서 문자 쓴 것이나 아닌지 내심 뜨끔하였다. 자네가 지금 한 정도의 얘기라면 우리 학교에선 옛날에 졸업했네, 그런 말을 하려는 걸까. 아니면, 남들보고 이래라 저래라 하기 전에 '너나 잘 하세요' 하려는 걸까. 그러나 그가 털어놓는 얘기인즉 예상을 뒤엎는 것이었다.

"우리 학교 도서관은 설계단계부터 도서관 전용 독립 건물로 지어졌죠. 지상 4층, 지하 1층 합해서 연면적이 9백 수십 평이고, 사서

만도 3명이랍니다. 이 정도면 갖출 만큼 갖추었다고 보는데, 문제는 활용이 안 된다는 겁니다. 중·고 합해 학생이 2500명이 넘는데도 이용자는 소수입니다. 열람실은 한산하고 도서대출자는 미미합니다."

어떤 좌절의 이유

당시 그분의 고충을 함께 고민하며 해법을 찾지 못한 것은 미안하지만, 그의 솔직하고도 씁쓸한 고백을 들으며 나는 여러 가지 생각을 했다.

남들이 교육사업을 표방하면서 고작 일반 교실로 채워진 콘크리트 건물 한 동만 덩그러니 지어놓고 학생 모집을 할 때, 이 학교 설립자는 처음부터 전용 도서관 건물을 지을 만큼 남다른 소신을 가지고 투자했으니 얼마나 대단한가. 그런데 당초의 취지를 살리기는커녕 오히려 애물단지가 되고 만 건물을 바라보자니 고민거리가 아닐 수 없었으리라.

근래에 나는 그 학교 도서관에 관한 정보를 분석하며 나름대로 이유를 찾아보았다. 첫째, 독립 건물은 접근성의 문제가 크다는 것을 누누이 말한 바 있다. 그뿐일까? 장서는 어떤가? 통계를 보니 자그마치 도서 5만 권에 비도서 자료도 5000점이나 된다. 엄청나다. 1인당 20권이나 되는 셈이다. 그러면 또 무엇이 문제일까? 마침내 나는 두 가지 문제점을 찾아냈다.

90

먼저 20여 종의 잡지를 구독하는데 그 목록을 보니 느낌이 왔다. 〈중학 독서평설〉〈고교 독서평설〉〈신동아〉〈매경이코노미〉〈중등 우리교육〉〈일본어저널〉〈뉴턴〉〈과학동아〉〈씨네21〉〈한겨레21〉〈내셔널지오그래픽〉〈좋은 생각〉〈빛과 소금〉…. 그래, 잡지 선정인즉 세상에 '빛과 소금'이 될 '좋은 생각'으로 가득 차 있다. 하지만 이런 미끼로는 낚싯대가 아무리 많아도 고기들이 모여들지 않는다. 이것은 잡지만의 문제가 아니라 이 학교도서관 운영 마인드의 단면을 보여주는 것이라고 생각한다. 한마디로, 너무 근엄하시다.

또 하나가 눈에 띈다. 도서관 연혁에 보니, '199×, 도난 방지 시스템 및 CCTV 등 첨단시설. 200×, 도서관 출입관리 자동화 시스템 설치' 등이 있다.

성공하는 학교도서관은 환경이 쾌적해야 한다. 물리적 환경이든 심리적 환경이든 편하게 해주어야 한다는 게 내 소신이다. 화수고는 처음부터 개가식으로 하여 자유롭게 드나들도록 했다. 제 방 드나들 듯 부담 없이 드나들어야지, 누군가로부터 감시당하고 있다는 느낌은 스트레스이자 일종의 구속이다. 예전이야 도서관의 장서든 급우 참고서든 책을 훔쳐다 팔아먹는 풍습이 없지 않았다. 그것도 소득 1000불 미만이던 시절 얘기이지 1만 5000불이 넘는 시대에 책 훔쳐갈 애도 없지만, 그걸 갖다 팔아먹을 데가 어디 있겠나 싶었다. 화수고는 매년 학년 말이면 장서 점검을 실시했다. 1차 연도에 30권 분실, 2차 연도에 30권 분실, 3차 연도에 100권 분실.

100권은 나의 심리적 저지선이었기에 도서 분실에 관대하던 나도 3차 연도엔 긴장했다. 분실된 책들이 도대체 어떤 것들이냐? 대개가 인기 있는 무협지나 판타지소설이었다. 한 질이 십여 권씩 되는 것들이어서, 책 수는 많아도 종류는 몇 가지에 불과했다. 악의 있는 절도라기보다는 읽다가 대출 절차를 밟지 않고 슬쩍 넣어간 거라고 판단했다.

쾌적한 환경이란

엄숙주의가 지배하는 분위기, 감시당하는 공간에서는 편안하지가 않다. '좌불안석'이라는 말이 있지만, 요새 애들이 어떤 애들인데 그런 도서관에 가려고 하겠는가. 은행이나 매장뿐 아니라 이제는 관공서나 경찰서엘 가도 친절하다. 어디서나 고객으로 간주된다. 고객만족을 넘어 고객감동이란 말이 실감나는 시대이다. 학교도서관도 고객만족, 고객감동의 마인드를 가져야 한다.

2003년, 경기도교육청에서는 「교무실을 제자에게, 학교도서관으로 내놓은 학교가 있습니다」(화수고등학교)라는 긴 제목의 전단을 만들어 도내 1700여 개 초·중·고교에 뿌렸다. 이거야말로 학교에서 가장 쾌적한 공간을 도서관으로 내놓아야 한다는 메시지였다.

화수고의 '도서정보실'을 꾸밀 때, K부장교사와 사서를 비롯한 독서교육부 팀은 무엇보다도 도서실의 쾌적한 환경에 가장 비중을 두고 일을 추진하였다. 조명은, 안정감이 없고 창백한 형광등보단 태양광에 가깝다는 삼파장 램프를 주로 쓰며 조도를 맞추었다. 커

92

튼은, 차광효과가 높도록 두툼한 광목천 로만쉐이드로 해서 도서의 변색을 막고 편안한 분위기를 연출하였다. 열람테이블과 의자는, 기성제품보다는 공장 맞춤형 규격과 디자인으로 하여, 좌석 수를 늘리기보다는 편하게 앉을 수 있도록 하였다.

이런 배려는 시설뿐 아니라 운영면에서도 다각도로 적용되었다. 학생들이 서가 사이를 어슬렁거리며 이 책 저 책 뽑아보다가 막상 도로 꽂아두려고 제 자리를 찾으려면 그것도 스트레스이다. 그래서 일단 뽑은 책은 제자리 찾아 꽂을 필요 없이, 서가 옆에 비치된 탁자에 얹어 두도록 했다. 그 책들을 제자리에 꽂아놓는 수고는 운영자 몫이다.

교장으로서도 도서실에는 특별한 배려를 했다. 여름에는 일반교실에서 함부로 에어컨을 켜지 못하게 중앙통제장치를 두고 있지만, 도서실만은 늘 시원하게 관리했고, 겨울에도 딴 방은 난방을 통제했지만 도서실만은 항상 넉넉하게 난방을 했다. 추울 때 안 춥고 더울 때 안 더우니까 학생들은 휴식을 취할 때도 도서실로 꼬였다. 쉬러 왔다가도 심심하면 만화나 잡지를 보고, 지적 욕구가 그 수준을 넘길 즈음이면 수색견처럼 서가 사이를 오가는 것이 정해진 코스였다.

앞의 사립고 도서관 연혁을 보면, '200×, 학생열람시간 확대운영(점심시간). 200×, 학생대출시간 확대운영(쉬는 시간)'이란 조목이 있다. 그렇다면 그 전에는 점심시간에도 문을 닫았단 말인가? 수업시간 사이에 있는 '쉬는 시간'이라는 게 통상 10분에 지나지 않는데,

독립건물인 도서관까지 오가는 시간을 빼면 어느 틈에 이용하란 말인가? 또 운영규정엔 이용마감 시간이 '오후 6시까지'였다. 사서들의 퇴근시간이 되면 문을 닫는다는 말인데, 이래 가지고 학생이 언제 마음 놓고 도서관을 찾을까 의문이다.

나는 우리 도서관 팀에게 "우리 슈퍼마켓은 24시간 편의점으로 만듭시다"라고 설득했다. 손님이 있든 없든 밤 9시까지는 문을 열자고 했다. 언제라도 환영한다는 뜻으로 불을 밝히고 문을 열어둔 채, "어서 오세요. 무엇을 도와드릴까요?" 하는 자세로, 친절한 미소를 머금고 기다리자고 했다. 고객(학생)들이 마음 내킬 때 이 편의점을 찾아오면 누군가가 항상 대기하고 있다는 신뢰를 심어주자고 했다. 그것이야말로 고객중심주의이다.

다기능 도서관의 풍경

불과 10여 년 전만 해도 학교도서관은 오직 종이책의 보관과 대출밖에 딴 할 일이 별로 없었다. 그러나 현대의 학교도서관은 모든 학습정보의 보관처이고 공급처이고 때에 따라서는 생산처의 구실을 해야 한다. 뿐만 아니라 고등정신기능을 기르기 위한 토론과 대화의 장, 정서교육과 교양을 위한 다양한 문화체험의 장, 그리고 오락과 휴식의 장으로까지 그 역할을 다면화할 필요가 있다고 본다.

그러기 위해서는 하드웨어의 구비와 소프트웨어의 개발이 전제되어야 하지만, 우리의 굳은 뇌를 일깨우고 닫힌 가슴을 열면 그리 어려운 일만도 아니다. 오디오와 비디오 기기를 갖추어 음악 감상이나 영화감상을 할 수 있도록 했다. 헤드폰을 이용해 개인별로 할수도 있고, 대형 스크린을 통해 집단적으로 할 수도 있게 했다. 수행평가 과제물 등을 준비할 수 있도록 컴퓨터와 프린터, 복사기 등을 갖추어 놓았다. 방과 후엔 중국어 회화 교사동아리가 자율연수를 하는 모습이라든가, 학생동아리들이 웅기중기 모여 토의하는 모습도 보인다.

액정프로젝터니 실물화상기니 전동스크린이니 VTR, DVD 등 시설을 갖추어놓고 비도서 자료를 다량 구비하니 교사들의 도서실이용률이 높아지고, 학생들을 도서실로 데리고 와서 하는 도서실이용수업이 대폭 늘어났다. 중복을 피하기 위하여 사전에 사서에게 부탁을 하여 시간 안배를 받아야 할 만큼 도서실은 인기 있는 학습장으로 변했다. 특히 재량활동시간이나 특별활동시간은 단골이며, 이웃 학교 독서클럽 또는 지역교육청 및 시민단체의 독서관련현장연수 등에도 '징발'되는 일이 흔했다.

도서실 공간을 이용하는 행사도 곧잘 열렸다. 몇 가지를 소개하면 이렇다.

'좋은 영화의 날'을 정하고, 입시공부에 쫓기느라 감상할 기회를놓쳤거나, 아니면 비디오 가게에서 쉽게 구하기 힘든 영화를 비디오로 보여주었다. 요즘에는 좋은 작품이라면 책으로만 나오는 게아니라 만화나 영화로도 나오니까 상호 비교해 보며 색다른 맛을즐길 수 있다. 축제 기간을 비롯하여 일정이 있지 않은 행사일에 이런 자리를 마련할 만하다. 남들이 운동장에서 땀 뻴뻴 흘리며 축구 응원을 하거나 음악 발표장에서 귀청을 찢는 록밴드에 열광할 때도 이런 분위기에서 소외되어 겉도는 학생들은 있다. 이런 애들을 겨냥한 틈새 전략으로서 영화 감상 행사는 다양한 교육적 의의가 있다.

'도서판매 및 교환전'도 재미있다. 먼저 선생님들로부터 남은 참고서 기증을 받는데 새 학년 시작 후 좀 지난 4월 정도가 좋다. 2,3월에 교사들에게는 증정용 참고서랑 문제집 등이 엄청나게 들어온다. 교사는 대부분 한두 가지를 쓰고 나머지는 도서실에 내놓는다. 이들을 모으면 줄잡아도 500-600권은 된다. 이를 전시하면, 학생들은 자기 책을 가져와서 맞바꾸거나 아니면 무조건 1권당 1000원씩 내고 가져가는 것이다. 출판사나 서점 사람들에겐 미안한 일이지만, 참고서 사보기 어려운 학생들에게 도움도 되고, 자칫 재활용 휴지로 버려질 책을 활용하는 것이니 윤리적으로도 하자가 없다. 여기서 나온 판매 수익은 분실도서를 채워 넣거나 훼손도서를 바꿔 넣는 데 쓰이니 도서실로서도 소득이 제법 짭짤하다.

그 밖에 책광고 전시회, 독후감만화 발표회, 독서표어 전시회 등도 나름의 구실을 해냈다.

분위기를 굳혀라

뼈대 있는 집안에 가풍이 있듯이 명문학교에는 교풍이 있다. 나는

96

'책 읽는 분위기'를 화수고등학교의 교풍으로 가꾸고 싶었다. 분위기 얘기를 하려니까 에피소드가 하나 떠오른다.

분위기 띄우는 것이야 흔한 방법으로 표어나 포스터 등의 게시, 독서퀴즈 등 각종 이벤트가 있지만, 우리 도서관 운영 팀도 그런 것들을 한두 번은 다 거쳤다. 도서실 복도에 독서 정보와 신착도서를 알리는 게시물들이 늘 보이게 했고, 눈에 잘 띄는 곳이라면 화장실 문짝에까지도 독서 관련 표어나 포스터를 붙였다. 한번은 표어 짓기 대회에서 수상한 작품들을 여기저기 게시하였다. 그 무렵 나는 B시에서 열린 책 축제에 강사로 초청되었다. 그런데 축제장 곳곳에 붙은 표어가 뜻밖에 낯익은 것이었다. 예컨대 '정보의 바다에 빠진 당신, 책은 당신의 구명조끼' '졸려서 잠을 자면 꿈을 꿀 수 있지만, 졸려도 책을 보면 꿈을 이룰 수 있다' 이런 것들이었다. 나는 속이 편치 않았다. 아, 표어 수상자란 놈들이 이미 나와 있던 표어를 베끼고 상을 탔구나. 수상자도 괘씸했고, 그것도 모르고 수상작을 선정한 독서 팀에도 화가 났고, 감쪽같이 속아서 시상을 한 학교장인 나도 한심하게 느껴졌다.

언짢은 기분으로 돌아와서 독서부장을 불러 책망하는 투로 그 얘기를 했다. 놀란 독서 팀에서 당장 주최측에 확인을 했다. 그런데 대답인즉, 책 축제에 관련된 모 인사가 화수고 도서관 견학을 왔던 길에 그 표어들을 보고 좋다고 생각하여 메모를 해서 담당자한테 주고 활용하라고 지시했다는 것이다. 그러니까 굳이 표절이라 한다면 그쪽이 표절을 한 셈이다. 표어에 무슨 특허가 있는 것도 아니

려니와 오히려 자랑스러운 일이니, 학교장으로서 내가 언짢아할 일
이 전혀 아니었던 것이다.

　일시적으로 바람직한 분위기를 만드는 일도 쉽지는 않지만, 그
분위기가 흔들리지 않도록 '굳히기'를 하자는 게 내 생각이었다. 복
층구조로 증축을 하면서 도서실 복도에 여분 공간이 생기자 나는
기다렸다는 듯이 정간물 코너를 만들었다. 중앙일간지, 지방일간
지, 학생신문 등을 볼 수 있는 입식 독서대를 설치하고, 기증 잡지
와 이웃 학교 교지 등을 전시하여 누구라도 오다가다 앉아 쉬면서
읽을 수 있게 툇마루를 내달았다.

　분위기 굳히기의 또 하나는 새로 문을 여는 학교매점에 독서코너
를 설치하는 일이었다. 남들이 화장실이랑 층계참 같은 데 도서를
진열하는 짓거리를 흉보던 나로서는 매점에 도서를 진열하는 일이
실효가 있는가 한동안 고민했다. 30여 평의 카페식 쉼터, 그 너른
공간이 아깝지 않은가. 그러나 여론은 내 편이 아니었다. 매점 이
름을 '책이 있는 풍경'이라고 하자는 내 제안에 거부감을 보이는 것
을 비롯하여 "애들이 매점에서나 편하게 먹고 마시게 두지, 거기에
서까지 책을 읽히려는 건 너무 심하지 않으냐?"고 했다. 결국 매점
이름은 양보했지만, 독서코너까지 양보할 수는 없었다. 사서교사
가 내게 아이디어를 주었다. 학생들이 즐겨 읽던 과월호 잡지를 돌
려가며 진열하자는 것이었다. 아이디어는 적중했다. 과자 먹으며,
빵 먹으며, 학생들은 미처 못 읽고 놓쳤던 과월호 잡지를 즐겨 읽었
다. 못 말리는 교장의 승리였다.

도서관 평점 A플러스 1

화수고 도서관이 교육부나 교육청의 공보로 또는 신문이나 방송으로 알려지면서 사회의 주목을 받자, 경기도는 물론 전국의 교육계에서 관심을 보였다. 2002년부터 2,3년간 경기·서울 외에 전라·경상·강원·충청 및 제주도에 있는 학교나 교육청에서까지 교원, 행정실장, 전문직 들이 내방하여 견학하고 자료를 얻어갔는데, 그 수효가 학교만 해도 2백 수십 개교에 이르렀다. 전화, 서신, 팩스, 이메일 등을 통한 문답이나 자료요청은 또 별개이다.

　그들은 화수고 학교도서관에서 무엇을 얻어 갔을까? 우리는 그들에게 과연 무슨 도움을 준 것일까? 우리는 어떤 물품을 어디서 얼마 주고 샀다는 정보 제공으로부터 운영의 애환과 시행착오에 관한 진솔한 답변에 이르기까지 모두를 공개했다. 이른바 노하우라는 게 있는지 모르나 화수고 도서관의 설계모형이 소규모 학교도서실의 표준형처럼 통용되는 것을 보면서 어떤 영향력을 실감하기는 했다.

　그런데 내가 정말 자랑스러워 하는 것은 따로 있다. 바로 학교도서관을 떠받쳐온 인적 조직이다. 독서교육부를 중심으로 한 교직원들도 그렇지만, 기특한 것은 선생님들을 도우며 학교도서관에다 학창 생활의 태반을 바친 도서반 동아리 학생들이다.

참 대견한 동아리 '책이랑'

책을 좋아하는 학생들을 모아 처음 동아리를 묶은 것은 2000년 3월이었다. 교장 부임 후 6개월 만에, 도서실을 10평 공간에서 30평 공간으로 옮기며 본격적으로 도서관 만들기를 시작하던 그 무렵이다. 담당 선생님으로부터 동아리 결성을 승인해 달라는 건의를 들었을 때, 장서량도 별로 많지 않고 일거리도 신통찮은데 특활(C.A.) 도서반이면 됐지 동아리로 키울 것까지야 있을까 싶었다. 그러면서도 좀더 의욕 있는 도우미가 필요해서 그러려니 하고 받아들였다. 15명으로 뭉친 이들이 동아리 이름을 '책이랑'이라고 지었다고 했다. '책과 더불어 함께한다'는 뜻과 '논밭의 이랑을 경작하듯이 도서실은 두뇌를 경작하는 밭'이라는 뜻의 중의적 작명이라나 뭐라나. 하기야 개성적이고 의미도 장하다는 생각에, 제법이다 하는 정도로 웃고 받아들였다. 그러나 이게 장난이 아니었다. 웃을 일은 더욱 아니었다.

그들은 실제로 '도서관 마니아'였다. 도서관의 기본적인 작업을 했고, 대출과 열람 안내를 하고, 훼손도서 수선에 청소까지도 마다하지 않았다. 연일 밤늦도록 선생님과 학생들이 불을 밝히고 도서실 정리를 하는 걸 보면서 나는 그들이 고맙고 대견했다. 그런데 하루는 담당 선생님이 오더니, 학생들이 원하고 있으니 독서신문을 내자고 했다. 교지나 학교신문 같은 것은 교장이 으르고 달래며 시켜도 안 하려는 게 통례인데, 교사 편에서 자진해 하겠다는 것만도 얼마나 고마운 일인가. 신문 이름도 〈책이랑〉으로 정했다.

2000년 봄에 창간호가 나왔을 때는 미색모조로 타블로이드 4면 컬러인쇄를 했지만, 곧 흑백 4면을 추가하여 8면짜리 신문으로 연간 4회, 분기별로 냈다. 내가 퇴직하던 2005년까지 한 번도 결호 없이 나왔으니 참으로 대견한 일이다. 그런데 여기에 또 하나 자부할 만한 일이 있다.

이 신문이, 선생님의 지도는 있었지만, 거의 학생들의 아이디어와 학생들의 손으로 만들어진다는 점이다. 앞서 말한 바 있듯이, 2003년 7월, 시도교육청 현장평가차 나온 교육부 평가단에게 10호까지 나온 동아리신문 〈책이랑〉을 보여주자 그들은 놀랐다. 그들 가운데 한 위원은 '편집 수준이 대학신문과 맞먹을 정도'라고 칭찬하였고, 다른 위원은 학생 자력으로 편집한다는 말을 믿을 수 없다고 하였다. 결국 편집장 학생이 불려가서 청문회인지 심문인지를 거치고야 납득을 하였다.

지금 계간으로 신문을 내는 중등학교가 얼마나 될까? 현장에 있는 사람들은 잘 아는 얘기지만, 1년에 한두 번이라도 꼬박꼬박 내는 학교는 의외로 드물다. 교지나 학교신문을 안 내는 이유는 여러 가지이다.

첫째, 매사 그렇듯 예산타령을 하는 사람이 있다. 〈책이랑〉은 당시 1500부를 150만 원 정도에 낸 것으로 기억한다. 미립이 트이면서 발간비용을 줄인 것이긴 해도, 나는 연간 600만 원이라는 예산이 아깝다고 생각해본 적이 없다. 오히려 소득에 비하면 매우 싼 투자라고 여겼다.

둘째, 일할 사람이 없어서 못한다고 한다. 맞는 말이다. 그러나 교사가 고군분투하듯 만드는 신문은 지속가능한 것이 아니다. 그런 의미에서 책이랑 회원학생들의 수고는 참 갸륵하다. 학생 손에서 만들어질 때 학생의 사랑을 받는 좋은 신문이 나오고 학생도 신나는 경험, 좋은 추억을 쌓는 것이다.

셋째, "교지나 신문을 애써 내봤자 읽지도 않고 쓰레기통에 버리는데 그걸 뭐 하러 만드느냐"는 항변이다. 맞다. 그러나 그런 교지나 신문은 틀림없이 학생의 눈높이와 상관없이 선생님들이 만든 모범생용 교지, 모범생용 신문일 것이다.

〈책이랑〉의 성공 노하우

마침 어느 고등학교의 신문이 내게 배달되었다. 신문용지에 신문판 규격, 여덟 면 가운데 두 면이 컬러다. 입바른 소리를 하자면, 중등학교에서 신문판을 채택한 것부터가 권위주의나 허세라고 본다. 빨리 어른이 되고 싶어 안달 난 애가 담배부터 피워 문 것처럼 같잖아 보인다. 아이는 아이다워야 사랑스럽다. 아기자기한 편집이 가능하여 학생들에게 좀더 친숙하게 다가갈 수 있는 판형은 타블로이드이다. 신문판에 신문용지를 쓰면 후줄근해 보이고, 그렇다고 모조를 쓰면 낭비라는 느낌을 지울 수가 없다. 그러나 타블로이드판이라면 100그램짜리 미색모조를 써도 알뜰하고 세련돼 보인다.

편집 내용으로 학교전경 사진에, 교장 사진과 말씀에, 네 사람 분의 축사가 있고, 학교연혁과 교화·교목·교색·교수 등을 빼보니 컬러 한 쪽을 포함하여 두 쪽이 날아갔다. 이런 내용은 학생들이 관심도 없고 읽지도 않는다. 나머지도 태반이 학생의 관심이나 흥미를 끌기 어려운 것들이다. 과학교육시범학교운영 특집이 한 쪽을 잡아먹고, 수능 안내가 또 한 쪽을 잡아먹고, 논술의 기초라나 하는 게 반쪽을 잡아먹고… 이런 식이다. 그나마 얼른 봐도 90퍼센트 이상이 책상머리에서 만들어낸 기사다. 이런 신문이 쓰레기통으로 던져지지 않고 읽힌다면 그게 오히려 이상한 일이다.

〈책이랑〉은 다르다. 일단 받아들면 화사한 컬러 면이 눈에 들어오고 호기심 끄는 사진과 만화가 혼을 빼놓는다. 그 다음에는 계절 따라 손수 만들어 먹을 수 있는 요리, 청소년이 즐기는 스포츠와 게임 등 연성 기사를 맛보기로 제공한다. 그 뒤 교보문고의 행사장으로 달려간 기자는 『시골의사의 아름다운 동행』의 박경철이나 『금난새와 떠나는 클래식 여행』의 금난새와 그럴듯한 인터뷰를 하고 그와 사진을 찍고 저자사인을 받아 싣는다. 이쯤 되면, '유길준 기증유품 특별전' '화봉 책박물관' '서울국제도서전' 같은 데로 끌고 다녀도 독자들은 코가 꿰여서 따라온다. 때로는 공지영과 이문열의 인간과 문학을 놓고 감히 너스레를 떨고, '천상병 추모 특집— 하늘로 돌아가리라'를 다루다가 '고등학생 소설가 은반지와의 만남' 같은 인터뷰로 인터넷소설의 현주소를 현장감 있게 전하기도 한다.

중요한 것은, 이들이 책상머리에서 인터넷이나 뒤지며 기사를 만드는 것이 아니라, 발로 뛰며 취재를 한다는 점이다. 가까이는 '화수고 책미남과의 기분 좋은 만남' 같은 교내 인터뷰나 학생들이 좋아하는 지역사회 명소 탐방기사를 쓰지만, 멀리는 국내외 체험여행 동행 취재까지도 사양치 않는다. 유명인과의 인터뷰는 미소를 짓게 한다. 지난 호 신문 몇 부를 가져가서 보여주며 '〈책이랑〉 기자'임을 내세우고 당당히 부딪치는데 제법 명성 있는 이들도 이 작전에 곧잘 말려든다. 어느 때는 서너 시간씩 기다리는 지구력을 발휘하면서 끝내 인터뷰를 성사시키는 프로기질을 보였다는 뒷얘기도 있다.

다소 진지한 기사, 예컨대 '베스트북 vs 스테디북' 같은 기획물이나 '200×년 화수고 도서정보실 이용 실태' 같은 경성 기사가 없지는 않지만, 대부분 독자 또래의 안목으로 신간서적과 저자에 대한 정보를 친절하게 정리하거나, 원작(책)이 있는 연극이나 영화를 관람한 후 소감과 함께 안내 기사를 직접 써서 싣는다.

읽는다는 것과 쓴다는 것

글을 읽다 보면 자기도 글을 써보고 싶은 것이 자연스런 귀결이다.

신문이나 책을 읽다 보면 자기도 인쇄물을 내보고 싶어지는 것 또한 자연스런 심리이다. 어쩌면 글을 쓰고 책을 내고 싶어 하는 것이 독서에 후속되는 심리일 뿐 아니라 독서의 완성으로 가는 길목인지도 모른다. 감명 깊게 읽은 책의 저자들처럼 자기도 글을 쓸 수 있다면 얼마나 자랑스러운 일일까 보냐. 더구나 자기가 쓴 글이 인쇄되어 나오고 책이 되어 나온다면 얼마나 황홀한 일일까 보냐. "텔레비전에 내가 나왔으면 정말 좋겠네 정말 좋겠네" 하는 아이들처럼, "인쇄물에 내 글이 나왔으면 정말 좋겠네 정말 좋겠네"가 된다. 더구나 책이나 신문 같은 인쇄물을 몸소 만들어 본다는 것은 청소년기의 학생들로서 평생 잊지 못할 체험이 될 것이다.

그래서 나는 독서 권장 못잖게 글 쓰고 신문 내고 책 만드는 일 등의 체험 기회를 많이 만들어갔다. 외국어판 〈책이랑〉이라 할 〈Hwasu Today〉를 낸 것도 그랬다. 처음엔 외국어교육부에게 〈책이랑〉의 한 쪽을 세내어 반 쪽은 영어, 나머지 반 쪽은 일어와 중국어로 기사를 쓰도록 배려 아닌 배려를 했다. 그 짓을 두어 번 하고 나자 독서교육부의 눈치를 보기가 싫고 샘도 나고 하니까 외국어교육부에서 독자적으로 외국어신문을 내겠다고 나왔다. 나는 기다렸다는 듯이 외국어판 학교신문을 내도록 예산 지원을 했다. 컬러 4면 타블로이드판으로 영어가 3면을 차지하고, 제2외국어는 1면에 일어와 중국어를 반 쪽씩 할애하여 내기 시작했다. 학생기자를 길러 써야 한다는 것이 내 조건이기도 했지만, 지면 구성을 보면 애들 눈높이에 맞춘다는 원칙이 충실히 지켜졌다. 홍보성 학교기사를 최소화하고 저희들의 문화적 코드에 맞는 기사로서 만화, 영화, 여행, 사교, 독서, 음악 등의 읽을거리가 주류이다.

교지도 해마다 냈지만, 신문 못지않게 학생중심주의를 지켜나갔다. 의례적인 인사말은 학교장, 학교운영위원장, 학생회장 이렇게 세 사람만 쓰게 하여 읽지 않는 지면을 최소화하였다. 그렇게 해서 확보된 지면에 편집권을 보장하고, '읽는 책'에서 '보는 책'으로 나아간다는 시대적 흐름까지 인정하고 보니 어쭙잖은 일이 벌어졌다. 교지가 온통 울긋불긋, 얼룩덜룩 가관이다. 만화가 무려 18쪽이나 실리는가 하면, 낯 뜨거운 성상담 기사까지 있었다. 그래도 그들의 기를 죽이지 않으려고 나는 꾹 참았다. 그것이 학생 수준인 걸 어쩌겠는가. 2호엔 만화가 9쪽이 실렸고 학생 상대 설문에 '첫 키스는 언제 했나요?' 같은 낯 간지러운 내용이 실렸다. 입이 간지러운 걸 꾹 참고, 그래도 만화가 절반으로 줄어들고 '낯 뜨거운'이 '낯 간지러운'으로 자제된 것만도 희망적이라고 자위했다. 3호로 가자 비로소 제 자리를 잡았다. 기다린 보람이 있었다. 같은 만화를 실어도 수준이 있었고, '이것만은 고치자' 같은 신통한 기획기사도 알아서 냈다. 자기들이 나서서 현장 취재를 하고 자기들의 관심사와 흥밋거리를 실으면서도 유익하고 품위 있는 꼭지들이 넘쳐났다. 이런 진화과정은 신기하게도, 만화에서 무협지·판타지소설로, 다시 문학서에서 철학·역사 같은 인문과학서로 가던 독서의 진화과정과 거의 일치했다.

그리고 몸소 찾아간다

읽으면 쓰고 싶지만, 또한 읽으면 체험을 통해 확인하고 싶어진다. 그런 의미에서 독서의 심화 단계가 쓰기, 짓기라면 완성 단계는 현장답사, 체험이라고 할 수 있다. 나는 교실이란 폐쇄된 공간에 청소년을 가두어 기르는 건 죽은 교육, 박제된 인재를 만드는 비인간적인 방법이라고 본다. 대입이라는 목적에 유리하다는 이유로 학생들을 학대하고 있는 셈이다. 대입전형의 평가 잣대가 잘못됨에 따라 창의적 인재 양성과 합리적 인재 선발을 원천적으로 막고 있는 것이다.

체험학습의 제도화를 위하여 내가 지속적으로 추진한 것은 자매학교(단체) 방식이다. 해양체험을 위하여 백령도와 연평도의 고등학교들과 자매관계를 맺었고, 양쪽 학생들은 3박 4일 또는 4박 5일씩 상호교류 체험학습을 실시하였다. 다섯 시간씩 뱃멀미에 시달리며 바다를 달리는 것도 잊지 못할 경험이지만, 이들 섬의 풍광과 풍속을 겪으며 홈스테이 방식으로 또래들과 우정을 나누는 일은 책상머리 교육으로는 도저히 얻을 수 없는 산교육이었다. 나는 경기도교육청에 교류체험학습 지원비 신청을 하여 예산을 받아냄으로써 학부모 부담을 덜어주었다. 초등학교나 중학교에는 종종 지원을 해주었지만, 고등학교에 예산지원을 해준 것은 화수고가 처음이자 유일한 예외였다.

9사단 포병연대와 자매 관계를 맺어 해마다 병영체험을 실시하였다. 신세대 젊은이들이 입대 후 적응 실패로 온갖 사건이 빈발한다는 사실에 착안하여, 앞으로 입대할 남학생들에게 군대에 잘 적응하도록 예방주사를 놓아주자는 뜻임을 강조했는데, 정작 여학생들의 참여 희망이 많아 한 학년 남녀 전체를 끌고 갔다.

그리고 교장 부임 이듬해부터 당장 중국으로 달려가 청나라의 고도 선양瀋陽에 있는 선양조선족제일 중학, 옌볜에 있는 옌볜제일중학 등 두 조선족 명문고와 자매 관계를 맺었다. 10박 11일 일정으로 해마다 수십 명의 학생들을 보내어 두 학교의 학생들과 우정을 쌓게 했다. 체제가 다른 사회에서 문화충격을 받으며 고구려 역사가 숨 쉬는 지안集安과 압록강 일대, 항일독립운동의 역사가 밴 용정과 두만강 일대, 중국의 고도 시안西安과 베이징 등을 탐방하고, 백두산 천지에 올라 평생 못 잊을 벅찬 감격도 맛보게 했다.

한편 방학을 이용하여 대부대를 이끌고 1주일짜리 일본문화체험을 실시했다. 부산에서 배를 타고 조선통신사의 여로를 따라 현해탄을 건너고 세토내해內海를 거쳐 오사카 항에 닿고 교류학교인 덴노지天王寺 고등학교에서 일본 명문고의 실상을 견학하고, 오사카와 교토 일대를 돌며 고적과 현대적 명소를 두루 접하게 했다. 청소년들에게 이러한 체험학습여행은 독서가 주는 간접체험의 한계를 보완하는 소중한 추억으로 기록될 것이다.

도서관 평점 A플러스 2

경영에 참여하는 교감 또는 단위학교 최고 경영자인 교장으로 근무하는 동안, 나의 일관된 화두 가운데 하나는 주민과 함께하는 학교, 나아가 주민이 주인 되는 지역사회학교의 건설이었다. 납세자이자 교육 고객(적어도 잠재고객)인 주민이 자기 동네에 있는 학교로부터 소외된다는 것은 말이 안 된다.

학생교육 외에 지역사회에 대한 기여, 물론 그게 말처럼 쉽지만은 않다. 운동장 대여만 하더라도 그렇다. 한번 빌려 주었다 하면 수목이나 시설의 훼손을 피할 수 없고 청소 문제도 만만치가 않다. 단체 사용의 경우 요즘엔 사용료를 받도록 제도화되어 있지만, 몇 해 전만 해도 사용료는커녕 안전사고라도 나면 시설관리 소홀로 치료비나 위자료, 심하면 민사적 보상에 행정적 책임까지 져야 하는 심각한 문제를 낳았다. 그러나 진정 뜻이 있다면 '구더기 무서워 장 못 담그랴.'

주민판 '책이랑' 어머니책사랑반

내가 화수고 도서관에 관련하여 정말 자랑스럽게 생각하는 것 두 가지 가운데 두 번째가 주민독서조직인 어머니책사랑반 활동이다. 학교경영자로서 내가 집착한 두 가지 프로젝트, 평생교육과 독서교육의 행복한 랑데부가 이것이다.

학교도서관이 궤도에 오르자 나는 주민들을 도서관으로 끌어들이고 싶어 안달이 났다. 주민등록증을 가지고 와서 처음 한 번만 회원 등록을 하면 이후로 얼마든지 책을 빌려볼 수 있다, 주민들로서는 이 얼마나 매력적인 유혹인가. 그러나 주민들은 쉽게 접근해 오지 않았다. 먼저 평생교육 참여자들을 중심으로 학교도서관 개방을 홍보하였다. 한 주일이면 1백 수십 명이 들락거리다 보니, 또 평생교육 마인드까지 있는 사람들이다 보니 이 작전이 유효하여 차츰 주민 대출자들이 생겨났다. 양질의 도서 만여 권이 밀림처럼 가득한 도서관, 자신이 고등학교 다닐 때는 구경도 하지 못한 시설과 서비스에 그들은 일단 감동한다. 조심스럽게 문을 두드리던 그들은 두세 번 경력이 쌓이면서 차츰 누구 눈치도 볼 것 없이 맘대로 들락거리며 맘에 드는 책을 골라 빌려갔고 화수고 도서관의 단골고객이 되었다.

못 말리는 책 교장인 내가 이쯤에서 만족할 리가 있나. 나는 주민 상대로 독서회를 조직하고 싶었다. 학부모라는 조건을 걸지 않았기에 학부모보다 주민이 더 많이 모였다. 그들은 모여서 회장 뽑고

총무 뽑고 회칙도 만들어 조직의 골격을 갖추었다. 연간 계획을 세워 필독도서를 선정하고, 한 주는 읽는 주, 다음 한 주는 토론하는 주로 정하였다. 이쯤이면 자력으로 굴러갈 것 같지만 천만의 말씀이다. 내가 한두 번 겪은 것이 아니니 왜 모르랴. 내버려두면 곧 흐지부지 되기 십상이다. 이들은 심지 않아도 저 혼자 싹터서 잘 자라고 오가며 밟아도 끈질기게 생존하는 잡초가 아니라, 심어 놓고 물주고 거름하고 김매며 벌레까지 잡아주어야 꽃피고 열매 맺는 작물과 같다. 뿌리를 내리고 자생력을 얻을 때까지 지속적으로 관리를 해주어야 한다.

내가 먼저 배려한 것은 그들만의 공간이었다. 학생과 교사들이 득시글거리며 드나드는 열람실의 한 귀퉁이나, 교재교구가 즐비하게 도열해 침입자를 흘깃거리는 특별교실이라면 둥지 틀기는 생심도 못 한다. 나는 이들의 아지트를 꾸리기로 하고 특별한 방을 하나 만들었으니 그것이 앞에서 잠깐 언급했던 '서당식 교실'이다.

장판을 하고 온돌을 깔고 문짝을 전통한옥의 모습으로 둔갑시켰다. 병풍을 두르고 문갑을 놓고, 병풍을 등진 훈장이 경상을 앞에 놓고 앉아 학동들을 둘러보는 구조로 서당 모습을 재현하였다. 사방탁자와 문갑, 서궤에 문방구와 서책이며 분재와 도자기 등을 늘어놓고, 옆벽에는 고풍스런 족자 한 쌍, 뒷벽엔 큼직한 산수화 액자 하나를 걸었다. 허전한 공간에는 별도로 연, 장죽, 갓, 태극선 같은 장식물을 달았다. 그리고 바닥엔 교자상 형태의 대형 목제 상을 6개나 들여놓고 방석을 깔았다. 몇 조의 차제구도 갖추어 놓았다. 이 과

정에서 어머니들이 행정실 직원과 함께 인사동 골목을 누비는 수
고를 기꺼이 했다.

꿈의 공간, 서당식 교실

서당식 교실이 어머니책사랑반만을 위해 마련된 것은 물론 아니
다. 어설픈 서양식 콘크리트 건축물, 그 안에서 서구식 책걸상으로
입식생활을 하면서 대입에 시달리는 학생들에게 나는 전통 한식
공간의 맛을 보여주고 싶었다. 온돌바닥에 털퍼덕 주저앉아 책을
읽고, 더러는 바닥에 널브러져 뒹굴기도 하며 정서적 평온을 누리
게 했다. 이 방을 만들어 놓자 교사와 학생들이 얼마나 좋아하던지,
정말 줄서서 예약해야 할 판이었다. 따끈따끈한 온돌바닥에서 엉
덩이로 올라오는 온기를 즐기며 앉은뱅이책상(교자상)에 책을 펴
놓고 공부하는 색다른 체험이라니 얼마나 근사한가. 더구나 여기
엔 플러스알파가 있다. 온통 전통적 사랑방 분위기를 띤 이 방에 숨
겨진 비밀 하나. 병풍을 접으면, 당시로선 첨단 기기라던 50인치
PDP가 '짠'하고 드러난다. 노트북 컴퓨터만 갖다 꽂으면 인터넷, 비
디오, 텔레비전 등 필요에 따라 시청각 학습에 활용할 수 있는 장치
이다. 이 서당식 교실은 도서정보실과 복도 하나만 격해 있어 필요
하다면 누구든 곧장 도서나 비도서자료를 마음대로 빌려다 이용할
수 있고, 복사기나 프린터도 항상 대기 상태에서 고객(?)을 기다리
고 있었다.

112

평소엔 학생들이 북새통을 치다가 책사랑반 회원들이 모이는 날, 그 시간만은 학생들이 얼씬거리지 못하게 하고 회원들에게 독점권을 주었다. 하지만 학생들은 어머니책사랑반 전용 공간이라는 학교장의 생색을 거부감 없이 받아들이고 행복해 했다. 회원들은 지정된 책을 한 주일 동안 읽고 나서 같이 소감을 나누고 토론을 벌였다. 다도를 배우고 차를 나누어 마시며 세상사는 얘기를 놓고 질펀하게 수다를 떨었다. 저술가이기도 한 지역 국회의원이나 지역사회에 살고 있는 문인들을 초대하여 '저자와의 대화'도 가지며 고급한 교양을 축적하는 기회를 가졌다.

나는 토론이 잡담 수준에 머무르지 않도록 독서운동가로 활동하는 여고 제자를 회원으로 영입하였고, 그는 치밀한 준비로 독서토론을 이끌어감으로써 이 모임을 더욱 성숙시켰다. 읽다 보면 쓰고 싶어지니까 독후감을 쓰고 발표하는 시간을 가졌고, 글쓰기 실력이 아쉽다고 느껴지자 이번엔 글쓰기 지도 강사를 초청하였다. 회원들은 여학교 졸업 후 모처럼 두어 달을 두고 작문공부를 제대로 하였다.

책을 읽다 보면 현장체험의 욕구가 생기는 건 애나 어른이나 마찬가지이다. 처음에 나는 이들을 관광버스로 모시고 지역사회 탐방부터 시도했다. 토박이는 별로 없고 거의가 굴러온 돌들이기에 지역사회 정보라면 아파트가격 정보, 학원가 정보가 고작인 이들에게 몸으로 읽는 문화정보를 제공함으로써 향토애를 심어주자는 교육자적 발상이었다. 향토사와 지리에 밝은 교수 한 분을 동승시키고 고양시, 파주시 관내의 유적지를 훑었다. 서삼릉으로 용미리 석

불로 자운서원으로 화석정으로 반구정으로 싸다녔다. 먹고 자고
남편과 애들 치다꺼리 하느라 시달리다가 훌쩍 나서서 향토문화와
자연풍광에 젖으며 하루를 보낸 주부들은 무척 즐거워했다.

전국을 누비는 독서기행

『야생초 편지』(황대권), 『지상의 숟가락 하나』(현기영), 『나무』(베르
나르 베르베르), 『아침형 인간』(사이쇼 히로시), 『망각의 화원』(이경
성), 『설득의 심리학』(로버트 치알디니), 『지구별 여행자』(류시화),
『앵무새 죽이기』(하퍼 리), 『이기적 유전자』(리처드 도킨슨), 『유림』
(최인호), 『고래』(천명관)…. 더러는 함께 영화를 보고 토론한다든
가 강연회 참관을 한다든가 하는 예외도 없지는 않았지만, 주로 독
서와 토론을 했다. 가벼운 책이든 무거운 책이든 되도록 신간을 선
택했고, 학교에서는 이들이 같은 기간에 보고 함께 토론할 수 있도
록 선정된 책을 보통 십여 권씩 복본으로 갖추어 놓았다. 그리고 이
들의 체험여행, 독서기행은 해마다 두 차례씩, 건너뛰는 일 없이 계
속되었다.

장소와 날짜가 정해지면, 수학여행 가는 학생들처럼 설레는 마음
으로 준비를 하고 새벽같이 전세버스에 모여드는 그 표정이 더할
수 없이 해맑다. 저마다 울긋불긋 야한 옷을 차려입고 야한 화장에
선글라스, 등산모 등을 갖추고 음료수와 간식거리를 한 보따리씩
싸들고 차에 오르는 30대부터 50대의 주부들, 성장한 여고생들의

왁자지껄한 나들이였다.

2003년 9월의 기억. 평창 봉평에 가서 효석문학관을 관람하고 메밀꽃 흐드러지게 핀 밭에서 사진을 찍고, 충주집쯤 될 법한 주막에서 메밀국수에 메밀묵과 메밀전에 메밀동동주까지 나누어 먹었다. 〈책이랑〉 학생기자 두 명이 따라와서 열심히 취재하는 모습도 대견했다. 자그마한 봉평의 5일장, 허생원과 성씨 처녀와 동이와 조선달의 발길이 닿았을 거리를 휘젓고 다니며, 옥수수와 메밀가루를 사고 산나물을 흥정하면서 모두 재미있어 했다.

2004년, 벚꽃이 눈보라처럼 휘날리던 3월말. 우리 일행은 하동으로 달려가, 섬진강에서 건진 재첩에 부추를 띄운 국으로 점심을 하고, 평사리 토지문학관을 찾았다. 최 참판 댁에서 최서희와 길상이와 봉순이를 이야기하고, 동네 골목길을 걸으며 조준구와 김평산을 저주하였다. 다시 화개장터로 와서 조영남의 노래비를 읽고, 벚꽃 터널을 신나게 달려 쌍계사에 이르니 1300년 고찰의 역사적 향기가 벚꽃보다 진했다.

같은 해 10월에, 책사랑반은 설악산 백담사에 있었다. 단풍이 든 숲 사이로 소리 내며 흐르는 계곡물은 어찌 그리 맑던지, 어머니들은 선계가 따로 없다며 마냥 황홀해 한다. 풍운아 전두환의 사연이야 무에 그리 대단하랴. 뜰에서 만해의 흉상을 보며 「나룻배와 행인」을 읽고, 기념관에 들어가 만해의 생애를 점검하다 보면 "님은 갔습니다. 아아! 사랑하는 나의 님은 갔습니다…"의 여운이 메아리처럼 오래도록 울린다.

2005년 3월에 서정주문학 기행으로 고창 선운사 일대를 계획한 것을 보고 나는 퇴직하였지만, 체험을 통한 독서기행은 매혹적인 테마이다. 분위기가 무르익는다면, 학생들의 체험여행에 발맞추어 외국으로까지 발을 넓히고 싶었다. 연변 용정에 가서 윤동주의 자취를 더듬고,『토지』의 배경을 답사하면서 일송정과 해란강을 배경으로 〈선구자〉를 부르는 모습은 상상만으로 그럴듯하지 않은가. 일본 교토에 가서 금각사를 둘러보며 미시마 유키오를 공부하다든가 니이가다 현의 온천장에 가서 가와바타 야스나리의『설국』을 토론하는 것도 나쁘지 않다.

꽃과 밥

책사랑반 어머니들은, 읽고 쓰고 토론하고 또는 기행을 하면서 한 해를 마무리할 때가 되자 이번에는 기록을 남기고 싶은 욕구를 보였다. 그동안 읽은 책의 독후감, 토론한 내용, 기행소감 등을 정리하여 책을 내기로 했다. 책의 이름은 오랜 산고 끝에 '꽃과 밥'이라고 정했다. 이 책의 제호 밑에는 '책은 꽃만큼 아름답고 밥만큼 소중하다'라는 표어의 글자들이 꽃잎처럼 밥알처럼 다닥다닥 붙어 있다. 제호의 작명 배경이다.

컬러 8면에 2도로 하여 여성 취향의 섬세한 편집으로 74쪽짜리 A5판형 책자가 나왔다. 회원들이 얼마나 대견해 하는지 말해 무엇하랴. '어머니책사랑반의 첫해 나기'라는 제목에 한 해를 컬러 사진으로 예쁘게 기록한 화보가 앙증맞게 편집된 것도 좋고, 글마다 필자 사진이 실리고 애교 있는 디자인에 삽화를 곁들인 것도 매혹적이란다.

「'무량수전 배흘림기둥에 기대서서'를 읽고」(민×희), 「'마음을 비우면 세상이 보인다'를 읽고」(김은×), 「'신들'을 찾아서」(임세×) 같은 독후감에, 「'스캔들'을 보고」(곽×숙) 같은 영화감상 소감이나 「작가의 발자취를 따라서」(윤부×) 같은 기행문도 실렸다. 문학소녀 시절의 꿈을 실은 시와 수필도 있었다.

때 맞추어 2호가 나오고, 다시 3호가 나왔다. 기본은 같으나 뒤로 가면서 보다 열린 공간이 되어 학생 작품도 실리고 회원 아닌 전문가의 글도 받아 싣는 아량이 돋보였다.

그렇다면 이 모임을 운영하면서 쓰는 경비는 다 어디서 나오는가? 온전히 수익자 부담인가? 아니라면, 기행이나 문집을 내는 데 드는 비용을 학교운영비의 어느 항, 무슨 목에다 예산을 세워 지출한다는 말인가? 사실 처음엔 책사랑반 운영비 일체를 학교에서 대다시피 했다. 회비 부담 없이 참여만 성실히 해 달라고 했다. 모일 때 다과부터 필요한 도서 구입, 기행을 위한 버스 전세, 문집 발간비 등 모두를 댔다. 심지어는 관광지 입장료까지 대 주었다. 그 후로는 자립의 기틀을 잡아가도록 버스 전세비와 문집 발간비 정도를 부담하는 것으로 지원을 축소했지만, 어쨌건 파격적으로 지원했다. 그러나 학생에게 돌아갈 예산을 전용하거나 하지는 않았다.

솔직히 말하면, 나는 경비 때문에 예산 문제로 고민해본 적이 없다. 화수고등학교는 교육감 지정 평생학습관으로 상당한 예산을 지원받고 있었고, 학교도서관운영 우수사례 육성교로 역시 상당한 예산을 배정받았다. '어머니책사랑반'은 평생교육에도 걸리고 학교도서관운영 우수사례에도 뽑혀 그야말로 어떤 돈을 갖다 써야 할지 고민이 되는 판이었다. 그러나 의존도를 줄여가도록 회원들의 의식을 점차 바꾸는 것이 바람직하다고 생각한다.

결혼하고 처음으로 저녁까지 몽땅 비웠다. 아이에게 조금 미안하기도 하지만 한편 뿌듯하다. 온전한 나만의 날(?)을 가져서일까? 많이 배우고 많이 본 이번 여행 덕분일까? 이런 시간을 갖게 해준 '책사랑반' 회원들! 공 회장님! 또 아낌없이 지원해 주시고 격려해 주시는 교장선생님! 너무 고맙다. 이렇게 고마운 분들이 있어 내 인생은 풍부해지고, 나도 다른 사람에게 도움이 되고 싶다는 바람이 생긴다.(『꽃과 밥』2호. 배×나)

이런 마음이 모이고 모이면 학교의 재정적 지원을 정중히 사양할 날도 머지않겠지.

성장기의 독서편력 1

내가 학교도서관을 교육평생의 화두로 삼은 데에는 성장기의 체험이 큰 영향을 미쳤다.

내 고향은 경기도 안성군 일죽면이니 이른바 수도권인 셈이다. 수도권이라면 어디라 할 것 없이 개발 바람이 불어 인구가 늘고 번화할 것이라 지레짐작하듯이, 실제로 7,8년 전부터 군이 시로 승격되어 그 경계 안에 들게 된 것도 사실이긴 하지만, 일죽면은 예나 이제나 전형적인 시골이다. 지금은 옆으로 중부고속도로가 뚫리고 더러는 임대아파트 같은 고층건물이 들어선 데다, 학교도 초등학교는 물론 병설 중·고등학교가 하나 있기는 하다. 그러나 산보다는 트인 벌판이 있어 두메라고 부를 수만 없을 뿐, 읍내(지금은 시청 소재지)로부터 60리나 떨어져 있고 충청북도 음성군과 경계를 대고 있는 외진 농촌이다. 언어생활도 서울(경기) 표준어보다는 충청방언에 더 가까워서, 어른이 부르면 "예"나 "네"가 아니라 "야!"로 대답했고, 어른을 보면 "진지 잡수셨이유?"라고 인사를 했다. 그러다 보니 어린 시절부터 무슨 문화적 혜택이라 부를 만한 게 별반 없었다.

그나마 우리 동네는 면사무소가 있는 장터에 인접해 있고 학교(초등학교) 위치가 10분 안에 달려갈 거리라는 것이 위안이라면 위안이었다. 또 하나 더 있다면 면내에서 전깃불이 들어오는 몇 안 되는 마을 중의 하나였다고나 할까.

책과의 첫 인연

문화라는 이름을 붙일 만한 물건이라곤 눈을 씻고 보아도 찾을 구석이 없고 먹고사는 문제 말고는 모두 배부른 발상으로 치부되던 마을에서, 그래도 어린 시절 우리 집은 동네 사람들이 부러워하는 문화가정이었다. 아버지는 일본 유학도 다녀왔고 어머니도 신식교육을 받은 분이어서, 대청마루에 놓인 입식책상엔 책꽂이가 있고 거기에 일본책을 비롯하여 빼곡히 꽂혀 있는 책들이 항상 눈에 띄었다. 안방에는 진공관 라디오가 있었고 태엽 감는 괘종시계도 있었다. 어린이 시간이 되어 합창단의 노랫소리가 울리면 동네 꼬마들이 동요를 들으려고 담 밑으로 몰려들었고, 모처럼 나들이하려는 이웃들은 읍내행 버스 탈 시각을 놓치지 않으려고 괘종을 보러 우리 집에 들르곤 했다.

국민학교(지금의 초등학교) 1학년 여름방학, 서울에 머무르던 아버지를 만나러 할머니 손에 이끌려 상경했을 때, 아버지는 나를 서점으로 데려가 책 두 권을 사 주었다. 하나는 두껍지만 내용은 몇 장 안 되는 컬러 그림책으로, 냇물에 멱 감는 아이들 그림에 약간의

120

해설문이 붙어 있었다. 또 하나는 갱지 수준으로 얇고 질이 떨어지는 종이였지만 여백이 없을 정도로 빡빡하게 편집된 만화책이었다. 좌철에 가로가 길었고 역시 컬러판에다 쪽수가 제법 되었는데 내용은 모르나 동물만화였다는 것만은 기억한다. 1학년 한 학기를 겨우 마친 시골뜨기로서 그 책들을 읽어내기엔 능력이 한참 달렸다. 결국 동네 선배들에게 돌리면서 구경을 시켰는데, 만화책은 제법 인기가 있었다. 이듬해 전쟁이 나서 피난을 했고, 독해능력이 생기면 읽으리라 보관했던 책들은 자취 없이 사라졌다. 그 잔혹한 여름, 아버지 역시 전쟁의 제물로 사라졌고, 어머니는 그 전에 세상을 떴다. 이후 문맹자인 할아버지 밑에서 자라던 내게 다시는 교과서 외의 책을 사주는 사람이 없었다. 그러나 아버지가 그때 유산처럼 선물하신 책과의 첫 만남은 아버지의 기억과 함께 내가 평생 간직할 숙명적 책 사랑의 단초가 되었다.

책 읽는 풍속

문화적 두메라고나 할 고향 마을에서 그래도 기억에 남는 독서 풍속이 한두 가지 있다. 동네에 마방집이 있었다. 경상도에서 서울 쪽으로 올라가는 소장수들이 소 떼를 몰고 거쳐갈 때 숙박하는 주막인데, 겨울철이 되면 마방집 바깥채 손님방은 항상 군불을 뜨끈뜨끈하게 때놓고 있어 농한기 마을꾼들이 많이 꼬였다. 어쩌다 가보면 화투나 골패놀이를 하는 때도 있고, 볏짚을 간추려 쌓아놓고 새끼 꼬기를 하기도 했지만, 가끔은 독서모임이 열렸다. 대개는 딱지본 고소설이나 필사본 옛날얘기책이었는데, 청이 좋고 유식한(?)한 사람이 고저장단을 맞추고 감정을 살려 책을 구성지게 낭독하면 나머지 사람은 주변을 둘러싸고 듣곤 했다. 내용에 따라 어느 대목에선 듣는 이들의 탄성이 터지고 또 다른 대목에선 웃음이 터지기도 한다. 때맞춰 밖에선 함박눈이 쏟아지는데 그야말로 동짓달 기나긴 밤이 깊어지도록 집단독서의 즐거움으로 시간가는 줄을 모르는 모습이 어찌 아름답지 않겠는가. 낭독자의 목을 쉬어줄 겸 수고에 사례를 할 겸 참석자들의 추렴으로, 더러는 마방집의 후한 인심 덕으로 도토리묵이나 기계국수를 말아 내오면 그것으로 가벼운 밤참을 하고 나서 다시 이어서 읽는다. 어린 나로서는 이해할 수 없는 내용에 재미도 별로 없어서 도토리묵 먹는 시간까지 버티는 것이 고작이었지만, 읽는 독서가 아닌 듣는 독서, 식자층의 독서와 구별되는 서민 대중의 독서라는 점에서 내게 일깨움을 주었다고 하겠다.

훗날에 나는 조수삼趙秀三(1762-1849)의 『추재기이秋齋紀異』에 나오는 직업적 소설 낭독자 전기수傳奇叟 기사를 보고 고개를 끄덕이며 어린 시절의 기억을 떠올렸다. 또 내 저서 『소태산 박중빈의 문학세계』(깊은샘, 1991)를 집필할 때, 원불교의 교조 박중빈이 영광 처가에 가서 『조웅전』과 『박태보전』 읽는 것을 듣고 감동하여 구도의 새 전기를 마련했다는 기록을 접하고 다시 한번 그 시절의 독서풍속을 확인할 기회를 가졌다.

5일장이 서는 장터 마을에 서당이 있었다. 한길 가에, 초가일망 정 용마루가 반듯하고 대문에는 입춘서가 붙은 집, 벽에 백회를 바른 바깥채가 글방이었다. 평소에도 웅얼웅얼 글 읽는 소리가 방문 밖으로 새나왔지만 여름에는 지게문에 미닫이까지 활짝 열어두고 있어 방 안의 풍경이 다 보였다. 길 쪽으로 제법 널찍한 툇마루가 놓여 있어 오가는 사람들이 잠깐씩 앉아 쉬어 갈 수도 있었는데, 나도 지나던 길에 더러 그 툇마루에 걸터앉아 글방 내부를 훔쳐보곤 했다. 아랫목엔 흰 수염에 탕건을 쓴 훈장이 버티고 계시고, 그 앞에는 어린애부터 애기아버지나 됨직한 어른까지 책상다리를 하고 앉아 저마다 책을 마주하여 글을 읽는데, 어린애들은 앞뒤로 몸을 흔들고 큰 사람들은 좌우로 부라질을 하는 모습이 신기하게 보였다. 단원의 〈서당도〉 같은 정사진이 아니라 음향 딸린 동영상으로 아직까지 내 뇌리에 남아 있다.

사륙배판이나 됨직한 크기의 닥종이를 노끈으로 엮은(오침제본) 책, 거기에 적힌 낯선 글자들은 학교에서 배운 한글과 사뭇 달라서 감히 범접을 할 수 없었지만, 훗날 내가 한문을 익히고 고전을 공부할 때 남다른 느낌을 맛보았다면 그것은 어린 시절 철벽같이 느꼈던 한문 성곽의 문을 열고 당당히 입성하는 감격 같은 것이 아니었을까.

1986년에 발굴하여, 〈국어국문학〉 96호에 소개한 필사본 가사집 『해동유요海東遺謠』를 처음 대했을 때, 2백 수십 년을 묵은 고서답게 표지가 참으로 추악했다. 여북하면 아내가 귀신 나올 것 같다며

123

손도 대려 하지 않았을까만 나는 오히려 오래 소식 없던 혈육이라도 만난 듯 흥분하여 그 꼬질꼬질한 표지를 손으로 쓸고 만지며 어쩔 줄 몰라 했다. 이런 반응도 어쩌면 글방에서 본 한적漢籍의 지질과 규격과 편철 방식 등에 대한 잠재의식과 무관치 않았을 성싶다.

게걸스런 식욕이 발동하다

전쟁으로, 2학년 1학기(6.25전쟁)엔 인공시절이어서 한동안 공부를 못하고 2학기(1.4후퇴)엔 피난으로 공부를 못 했는데, 북위 37도 방위선에 걸린 우리 동네에 미군이 주둔하며 학교를 병영으로 징발하는 바람에 또 휴교였다. 우리가 다시 학교에 돌아왔을 때는 교실에 책걸상도 없었고 창문도 성한 것이 별로 없었다. 그나마 국제연합한국부흥위원단(UNKRA)인가에서 지원받아 펴낸 조악한 교과서만으로 위안을 삼아야 했다. 정전이 되면서 이런 상태는 조금씩 개선되었지만, 독서교육이나 독서문화라는 것은 한갓 사치에 불과했다. 그래도 읽은 기억이 확실한 두 가지 동화가 있다. 하나는 강소천의 「진달래와 철쭉」인데, 커서 생각하니 이 작품은 마테를링크의 유명한 동화극 〈파랑새〉를 번안한 것으로, 진달래와 철쭉은 남매 주인공 치르치르와 미치르를 가리킨 것으로 유추된다. 다른 하나는 마해송의 「떡배 단배」이다. 그때로선 이 작품의 시대 풍자적 주제야 알 턱이 없었지만 그래도 책에 실린 삽화까지 어렴풋 생각날 만큼 재미있게 읽었다.

124

1955년, 면내에 있는 중학교에 들어갔다. 말이 좋아 중학교지 2,3학년 선배들은 군용 천막에서 공부하고 우리 1학년은 면사무소 회의실을 빌려 수업을 했다. 2학년이 되면서 겨우 새 교사를 지어 이전했지만, 교재와 교구라고는 풍금 한 대와 공 몇 개에, 괘도로 된 세계지도와 한국지도 한 점씩이 고작일 정도로 열악한 처지이니 도서라고는 거의 없었다. '거의'라고 하는 것은 3학년 때 학교도서를 용케도 한 권 빌려 볼 수 있었기 때문이다. 도서실도 없고 도서대출 제도 역시 없었는데 어찌어찌해서 나는 학교에 있던 책을 딱 한 번 빌릴 수 있었으니 그 유명한 『바람과 함께 사라지다』였다. 내 성화에 빌려는 주면서도 선생님은 "장소와 시간이 왔다갔다해서 이 책을 읽기에 너는 아직 이르다"고 충고했다. 그래도 영화로는 두어 번 봤지만 책으로는 이 작품을 다시 읽을 기회가 없이 살아왔으니 그때 읽은 것이 어쩌면 평생 단 한 번의 경험으로 끝날 공산이 크다.

　봄이 되면 아무리 치열한 전장에서도 꽃이 피듯이, 이런 열악한 독서 환경에서도 지적 호기심을 주체 못하던 중학시절, 우리는 궁여지책으로 독서의 길을 뚫었다. 그 하나가 전에 마방집에서 보았던 집단독서 방식이었다. 그때 나는 중학교 1년 선배 서넛과 어울려 지냈는데, 우리는 용케 책을 한 권 구하면 밤 시간에 같이 모여서 읽었다. 마방집 독서법과 달리 낭독을 혼자 독점하는 것이 아니라, 적당히 읽다 힘들면 돌리는 식으로 모두 낭독자가 되었다. 일컫자면, 읽는 독서와 듣는 독서를 겸한 윤독 방식인 셈이다. 모이기 힘들거나 책을 돌려줄 시간의 여유가 있을 때에는 한 사람이 먼저 다 읽고 나서 차례로 돌리는 방식의 또 다른 윤독을 했다. 탐정소설(추리소설)이 주 종목이었던 것 같은데 특히 '괴도 뤼팽' 시리즈가 인기 있었다. 김내성의 『마인』 『백가면』 같은 작품이나 방인근과 민태원의 작품도 읽었다. 고등학교 국어교사로 『청춘예찬』을 가르치며 필자 민태원을 소개할 때는, 그 시절 읽은 그의 작품 『암굴왕』이랑 『무쇠탈』을 들먹이며 행복한 추억 때문에 절로 기쁨을 느꼈다. 『암굴왕』은 알렉산드르 뒤마의 『몬테크리스트 백작』을 번안한 것이고 『무쇠탈』은 역시 뒤마 원작으로 흔히 『철가면』으로 불리는 작품의 번안이다.

닥치는 대로 읽기

독서의 단계도 지켜질 턱이 없었다. 어린이용 〈새벗〉을 읽으며 동시에 중등학생용 〈학원〉을 읽었고, 나아가선 성인용 월간지 〈야담과 실화〉를 읽었다. 이 무렵 우리 또래들은 만화에 맛을 들이기 시작했다. 나도 〈학원〉에서 읽는 김용환의 〈코주부 삼국지〉나 김성환의 〈거꾸리군 장다리군〉 같은 연재만화만으로는 성에 안 차서 단행본 만화책을 찾아 눈에 불을 켜기도 했다. 중학교 친구 중엔 만화책을 그야말로 한 가방씩 싸가지고 다니는 마니아도 있었는데 나도 그에게서 '밀림의 왕자' 시리즈를 빌려 읽은 기억이 남아 있다. 지금 생각하면 〈타잔〉 영화와 비슷한 스토리였던 듯하다. 이 작품의 원본이 실은 〈소년 케니야〉라는 이름의 일본만화라든가 더구나 그 것이 본격적인 해적판 일본만화의 효시가 된다든가 그런 건 물론 우리가 알 바 아니었다.

아무튼 중학생 시절의 나는 닥치는 대로 게걸스레 먹어대는 굶주 린 짐승과 같았다. 달리 필요성이나 가치관에 따른 선택 절차 없이 읽을거리라면 다다익선이었다.

장터 이발관에 가면 손님이 붐벼 기다리는 일이 많았는데 나는 이때가 호기다 하고 거기 있는 신문을 처음부터 끝까지 읽어댔다. 당시엔 신문의 지면이 8면밖에 안 돼서 끝까지 읽는 대야 그리 오 랜 시간이 걸리지도 않았다. 다만 꽤 많은 한자가 섞여 있어 애를 먹기도 했는데 덕분에 웬만한 한자는 익힐 수 있었다. 고등학교 1학 년 때 생물선생님이 진화론을 설명하면서 '낭적기관'이란 용어를 거듭 썼을 때 아마도 '흔적기관痕迹器官'에서 '흔痕'과 '낭浪'을 혼동 한 것일 게다 생각했다거나, 2학년 때 사회과 선생님이 '收賄罪'를 '수유죄'라고 말하는 것을 '수회죄'라고 고쳐드렸다거나(왜 그랬는지 모르지만, 그때는 신문에서 수뢰受賂보다는 수회收賄를 즐겨 썼다) 한 것 은 온전히 그 이발관 신문 읽기 덕분이었다. 왜냐하면 당시는 정부 의 한글전용 정책에 따라 중학교에서 한문은커녕 한자도 배울 기 회가 없었기 때문이다.

중학생 시절의 독서편력을 마무리하면서 늦게나마 빠뜨린 것이 두 가지쯤 생각났다. 하나는 그 무렵 내가 시를 읽었다는 것이다. 소월시집을 처음 보았고 롱펠로라든가 워즈워드 또는 푸시킨 같은

127

서양시인과도 상면을 하였다.

또 하나는 비록 난독일망정 문학 서적을 읽다 보니 나도 창작을 하고 싶어서 시, 수필, 동화 등 장르를 가리지 않고 글을 짓기 시작했다는 것이다. 그 글들을 엮어 개인 문집까지 만들었으니 일컬어 '두더지'라고 했다. 불행한 가족사로 상처받은 사춘기 소년은 스스로를 빛이 없는 땅속을 기는 두더지로 자처하고 살았던 것이다.

성장기의 독서편력 2

1958년, 중학교를 마치자 고등학교 진학이 난감했다. 고향의 고등학교는 중학교와 병설로 개교를 했지만 학생이 없어 폐교 위기에 있었고, 읍내에는 고등학교가 두어 개 있었지만 통학이 어려운데다 자취나 하숙을 할 형편도 아니었기 때문이다. 낯선 땅이지만 결국, 대고모 댁이 있어 당장은 숙식을 해결할 수 있는 평택으로 갈 수밖에 없었다.

내가 진학한 평택고등학교는 공립으로 평택에서는 가장 역사가 오래 됐다. 오래라 봤자 내가 7회 졸업생이지만, 당시엔 주한유엔군 경제조정관실OEC이니, 미국원조단USOM이니 하는 데로부터 상당한 시설 지원을 받으며 1956년 이래 한국 최초로 종합고등학교를 시범운영하는 중이었다. 전후의 열악한 교육환경을 감안할 때 상당히 혜택을 받은 학교였던 셈이다. 그래서 교과서가 아닌 책을 읽고 싶어 혈안이 되었던 나로서는 혹시나 하고 기대를 했지만 학교 시설 중에 도서실 같은 것은 어디에도 없었다. 새 학교에.대한 낯익히기가 끝나고 국어 과목을 비롯하여 교과서까지 대강 독파하고 나자 나는 책을 읽고 싶어 안달하기 시작했다. 서점은 있었지만, 할아버지로부터 최소한의 용돈을 받으며 겨우 버티던 내게 책을 사 볼 여유는 없었다. 그래도 죽으란 법은 없는가 보다.

5일장의 노점 세책貰册

어느 일요일, 5일마다 서는 장바닥에 좌판을 벌이고 책 가지를 파는 노점을 발견하자 나는 그야말로 '참새가 방앗간 그냥 지나가랴' 하는 기분이었다. 지금 생각하면 태반이 잡동사니 같은 싸구려 책이었지만, 그래도 반가운 마음에 쭈그리고 앉아 시간 가는 줄 모르고 책을 뒤적거렸다. 이 책 저 책 집어 들고 찔끔찔끔 읽으면서 떠나기 아쉬워하는 내 꼴을 보다 못한 책장수 아저씨가 문득 내게 제안을 했다. 책 한 권을 산 뒤 깨끗이 읽고 나서 다른 책과 바꿔보라고 했다. 그럴 때마다 약간의 교환료만 내면 된다는 것이었다. 지금은 기억이 나지 않지만, 교환료라는 것이 그리 큰 액수가 아니어서 그 정도라면 내가 감당할 만하다고 생각했다. 그 제안이 내겐 얼마나 고마웠는지 그분이 은인으로 여겨질 정도였다.

이로부터 나는 정확히 5일마다 책 한 권씩을 꼬박꼬박 읽었다. 장날만 되면 아침부터 기대에 부풀어 있다가 점심시간이 되면 학교를 빠져나와 장터로 달려가서 지난 장날 눈독 들여놓았던 책으로 바꿔 가지고 왔다. 그때 대고모 댁은 살림이 기울어 내게 점심 도시락을 못 싸주는 때가 많았기에 매점에서 빵이라도 사먹고 싶

었지만 그 돈으로 책을 바꿔볼 기쁨에 허기진 배를 달래고도 신바
람이 났다. 비가 내려서 장이라도 깨지는 날이면 낙심천만이었는
데, 한번은 장마철이 되어 두어 차례나 잇달아 장이 깨진 적이 있었
다. 그럴 때는 사는 재미를 못 느낄 만큼 풀이 죽어 하늘을 원망하
였다.

몇 학년 때 일인지 모르나 방학이 되어 고향집에 갔을 때는 책을
못 읽어 몸살이 날 판이었다. 마침 아는 집에 김내성의『청춘극장』
이 있는 것을 보자 웬 떡이냐 싶었다. 갖다 보게 허락을 하지 않아
염치불구하고 그 집을 드나들며 다섯 권 한 질을 며칠 만에 완독하
였다. 참 행복했다.

그때의 독서도 별 수 없이 난독이었고, 읽던 책은 거의 문학 서적
이었다. 그래도 거기서 나는 춘원 이광수를 비롯하여 김동인, 현진
건, 심훈, 이상을 읽었고, 톨스토이나 도스토옙스키, 괴테, 셰익스피
어 등의 작가들도 그때 만났던가 싶다. 『부활』『죄와 벌』『인형의
집』『닥터 지바고』『젊은 베르테르의 슬픔』『군도』같은 책도 그때
얻어 읽었을 것이다.

나의 이런 독서광적 행태는 가까운 급우들 집에 있는 소장도서를
더러 끄집어내기도 했다. 좀 가까워졌다 싶으면 혹시나 집에 소장
하고 있는 책이 없는가 꼬치꼬치 물어댔다. 전쟁 탓에 책다운 책이
남아 있지 않아 그리 큰 효과를 보지는 못했지만, 크게 감명을 받았
던 H.D. 소로의『숲속의 생활』(『Walden』의 한국어판 제목)도 그렇게
친구한테 빌려 보았다.

공부와 독서, 두 마리 토끼 잡기

대고모 댁에 더 이상 신세지기가 어려워 고민하던 무렵, 나는 선생님 한 분의 주선으로 입주 가정교사 자리를 얻어 초등학생을 가르치게 되었다. 2학년이 되기가 무섭게 시작된 가정교사 노릇은 이후로도 오래도록 내 올가미가 되었지만, 당시엔 자립의 의지를 다지며 희망에 부풀었다. 한편 학교는 종합고등학교 체제를 정비하면서 농·공·상과 더불어 보통과가 설치 운영되었고, 나는 보통과 문과반에 속했다. 문과와 이과 딱 두 학급이던 보통과는 나름대로 엘리트 코스였고, 요즘보다는 덜하겠지만 대입에 그야말로 전력투구하는 분위기였다. 그럼에도 교과서나 학습참고서 외에 '소설책 나부랭이'에 여전히 매달려 지냈으니 스스로 생각해도 대책 없는 학생이었다.

여전히 소설을 비롯한 문학서 편식에서 벗어날 수는 없었지만 교양도서, 전문도서 등도 더러는 찾아 읽을 만큼 성숙했다. 거기다 주인댁 신문을 매일 얻어 읽었고, 당시에 나오던 학생용 주간 영자신문English Weekly도 빼놓지 않고 보았고, 언제부턴가 아리송하지만 대표적 월간 문예지였던 〈현대문학〉을 구독하기 시작했다. 그리고 중학생 때부터 시작한 글쓰기가 좀더 무르익어 이번엔 소설을 썼다. 독서도 습작도 누가 지도해줄 만한 사람은 없었지만, 제 흥에 겨워 읽고 쓰고 했다. 몇 학우와 더불어 등사판 학생신문도 냈는데 제호가 〈올보리〉였다. 올보리는 젊은 시절 이광수가 한 때 썼던 아호인데 이것을 제호로 삼은 것은 그만큼 내가 춘원에 경도하고 있었던 증거라고 하겠다. 문예반에 들어 활동하면서는 공동시집을 내고, 문학동호회에서 기획했던 예술제에서 시낭송을 맡기도 하는 등 종횡무진 '딴 짓'을 많이도 했다.

학교 수업, 대입 준비, 가정교사 일, 독서와 기타 활동 등등…. 그러고도 나의 학교성적은 우수했다. 그냥 우수한 정도가 아니라 전교 수석으로 일관하여 졸업식에서도 졸업생 대표로 도지사 상을 받았으니, 그만하면 나는 공부와 독서라는 두 마리 토끼를 잡은 셈이다. 내가 두 가지 성취를 동시에 해낼 만큼 유능했던 것일까? 아니면 독서를 열심히 한 덕분에 학업에서 두각을 나타낼 수 있었던 것일까? 3학년 가을에는 서울 K대학교에서 주최한 '전국고교생학력경시대회' 국어과에 응시하여 1등을 하는 바람에 나는 더욱 의기양양할 수밖에 없었다. 이때의 경험이 나를 부추겨서 그러지 않았을까 싶지만, 나는 교단에서 지내는 동안 한결같이 공부와 독서가 양자택일의 선택사항일 수 없다는 소신을 가졌고, 더 나아가 독서야말로 진정한 학력 향상의 지름길임을 역설하게 되었다.

꿈을 접고 얻어낸 열매

대학 진학을 앞두고 할아버지는 무능력했고 나는 어디에도 손 벌릴 곳이 없었다. 웬만하면 명문대학으로 가고 싶었지만, 누울 자리보고 다리를 뻗으랬다고 당장 입학등록금도 마련할 길이 막막한 처지에 분수를 알아야지 하고 체념했다. 그래서 나는 일찌감치 예의 K대학으로 마음을 굳혔다. 경시대회 수상에 따른 장학 혜택으로 졸업까지 등록금 면제라는 달콤한 유혹이 있었던 것이다. 국문학과에 들어갔다. 비록 명문은 아니나 2류 대학은 되었는데도 거기서의 삶은 내가 꿈꾸던 대학생활과 거리가 멀었다. 고3 때 겪은 4.19 혁명의 후유증이 아직 가시지도 않았는데 다시 5.16쿠데타가 일어나서 시국은 어수선했다. 나는 숙식조차 해결하기 쉽지 않아 입주 가정교사 자리를 찾아 전전하였다. 그래도 한 1년은 바쁘게 보냈다.

대학 본관 옥상에 어설프게 지은 가건물에 버젓이 도서관이라고 이름을 붙인 것부터가 마음에 안 들었지만 그래도 책을 무상으로 빌려 읽을 수 있다는 게 얼마나 큰 행복인가. 부지런히 드나들며 책을 열람하고 대출을 받았다. 빈약한 장서에 폐가식 운영일망정 대학도서관은 내게 읽고 싶은 게 너무나 많은 곳이었다. 중·고등학교 시절과 달라진 점이라면 독서 패턴이 근본적으로 바뀌었다는 것이다. 이를테면 닥치는 대로, 손에 잡히는 대로 읽던 난독 버릇을 버리고 맘에 드는 것을 골라 읽었다. 또 문학서에 편중되었던 독서 습관을 벗어나 폭넓은 분야의 도서를 읽었고, 고작 소설책이나 탐독하던 수준을 벗어나 본격적으로 전문적 학술서적을 찾아 읽었다. 입학한 첫 학기부터 시건방지게 「국초 이인직의 신소설론」을 논문이랍시고 쓰는 오기를 부린 것도 그런 배경에서 나왔다.

문예창작과가 따로 없고, 문학을 합네 하는 시인과 작가 지망생들이 국문과로 몰리던 시절이라 나도 덩달아 창작 동아리 한두 군데를 따라다니기도 했다. 대학 문학상에 소설 응모를 하여 비록 당선은 안 됐을망정 주요섭, 황순원 같은 명사의 격려를 받기도 했다.

그러나 이듬해부터 나의 대학생활은 좌초 위기를 맞았다. 정국은 어수선하고 실패한 통화개혁으로 사회와 경제는 얼어붙고, 설립자 총장의 강제 퇴임과 함께 대학은 심하게 위축되었다. 가정교사 자리 구하기도 쉽지 않았다. 더욱 결정적인 건 대학 강의에서 별로 얻을 게 없다는 나름의 평가였다. 교수들의 강의 수준이 낮았고 수강자들 역시 학문적 진지성이 없었다. 1학기를 마치기도 전에 나는 낙향하고 말았다.

독학으로 얻은 열매

버스를 타고 비포장도로를 한 시간 반쯤 달려 읍내까지 가야 겨우 서점을 만날 수 있는 곳, 그곳에서 기약 없는 칩거생활에 들어갔다. 한동안 칩거하면서 글도 써보고 책도 읽었지만, 읽을 만한 책은 곧 바닥이 났다. 읽을 책이 없으니까 시간 보내기가 너무나 힘들었다. 어처구니없는 기억 한 가지가 있다. 공무원이었던 친척 집에 들렀더니 백과사전이 즐비하게 꽂혀 있는 것이 아닌가. 나는 매일 출근하다시피 하며 깨알 같은 활자의 백과사전 한 질을 모조리 읽어 나갔다. 지금 생각해도 어이가 없다.

나는 발명왕 에디슨의 전기를 좋아하여 여러 번 읽었는데, 에디

슨이 저능아로 찍혀 초등학교도 못 다니고 오로지 독학으로 발명왕이 되었다는 것에 감동해서이다. 공공 도서관을 드나들며 책을 읽을 때 그는 처음 한동안은 서가 한 쪽부터, 꽂힌 차례대로 모조리 읽었다고 했다. 보다 못한 사서가 계통을 찾아 읽으라는 충고를 하자 그제서야 과학서적을 집중적으로 읽어 대성했다는 대목이 생각났다. 나는 백과사전을 몽땅 읽다시피 하고 나서 결심을 했다. '어차피 대학 국문학과를 졸업해도 직업은 중등학교 국어교사가 고작이다. 꿩 잡는 게 매라고, 그렇게 애써서 대학 안 다니더라도 중등교사 자격증만 따서 취업하면 될 거 아니냐.' 그때는 문교부에서 시행하는 중등학교 교사 자격시험이란 게 있었다. 얼마나 시험이 어려웠는지 고등고시(사법고시) 다음으로 어렵다고들 했다.

나는 고등학교 때 은사인 국어 담당 김주영 선생님을 찾아갔다. 평소 나를 끔찍이 아끼던 선생님은 내 계획에 적극 찬동하고 당신이 소장했던 국어국문학 계통의 학술서적을 한 아름 안겨 주었다. 최현배, 김윤경, 이희승, 김형규, 조윤제, 양주동 등 당시로선 쟁쟁하던 대학교수들의 저서를 주고 여러 가지로 조언을 했다. 나는 학교에서 선생님의 교수를 받지 않고 독학으로도 이 시험에 합격할 수 있다는 것을 보여주고 싶은 오기가 발동했다. 책이라면 사족을 못 쓰고 살아온 내 삶의 저력을 증명해 보이고 싶었다. 나는 난독으로 다진 다독주의를 건너 뛰어 정독의 길로 들어섰다. 읽고 또 읽으면서 연구에 연구를 거듭했다. 이듬해 늦가을 나는 학과시험 합격통지서를 받았다. 군에 입대를 하는 바람에 자격증까지 받지는 못

136

했지만, 그 다음해 군에서 원서를 제출하고 면접과 실지수업을 거쳐 자격증을 받아내고야 말았다. 책과 씨름한 독학의 짜릿한 성취를 만끽할 수 있었다.

　나는 이후 오랫동안 이 자격증 덕분에 고등학교 졸업이란 빈약한 학벌로도 고등학교 교사로 당당히 설 수 있었으니 생각할수록 선생님이 고맙고 책이 고맙지 않을 수 없다. 그러면 이것이 내 인생 독서편력의 대단원이자 최종 목표였을까.

상아탑의 층계 1

의가사제대로 1년 만에 병역을 마쳤지만 나는 대학으로 다시 돌아
갈 생각도 없었거니와 갈 처지도 아니었다. 조부모의 생계를 위하
여 내가 당장 벌이를 하지 않으면 안 되었다. 제대를 하고 보니 경
기도나 서울은 이미 채용고사가 끝났다. 낙담해 있던 차에 다행히
도 강원도에서 2차 채용고사가 있었다. 다음해까지 기다릴 수 없으
니 경기도는 다음 기회로 미루고 우선 강원도로 가서 시험을 치르
자고 한 것이 춘천고등학교에 첫 발령을 받았다. 이후 2년 만에 경
기도로 옮기고 마침내 모교인 평택고등학교에서 근무하게 되었다.
스물넷에 시작한 교직생활이 10년쯤 지날 무렵이었다. 나는 결혼
하여 처와 자식 둘을 두고 있는 가장이었고, 할아버지는 이미 돌아
가시고 안 계셨다. 텃세 없는 모교에서 안정된 직장생활을 누리고
있었고, 비록 융자를 끼었을망정 내 집도 장만했다. 이제 그만하면
나는 가정과 직장에서 행복해야 했다. 그러나 나는 생활이 안정될
수록 헛헛함을 느꼈다.

출발선에 다시 서다

주로 3학년 담임과 수업을 맡아 제자들을 대학에 보내면서 언제부턴가 나는 자꾸 씁쓸해졌다. 제자들을 대학에 보내면서 정작 나는 고졸 학력이라니 이건 아니다 싶었다. 누가 뭐라 하지도 않건만 자격지심이 들었다. "이런 말이 있다. 말글 배워 뒷글로 써먹는 사람이 있는가 하면 뒷글 배워 말글로 써먹는 사람도 있다고. 고등학교 졸업장 가지고 고등학교 선생 하는 나야말로 뒷글 배워 말글로 써먹는 본보기가 아니겠는가." 이렇게 얼버무리며 농담을 하기도 했지만 마음은 그게 아니었다. 나는 자신을 돌아보며 점점 우울해졌다. 다시 공부를 하고 싶었다. 꿈에서조차 대학 캠퍼스를 거닐다가 학적이 없음을 자각하고 되돌아 나온다든가 하는 식의 좌절을 겪었다.

나는 '꿩 대신 닭'이라고 국학에 관심을 기울이며 허전한 마음을 달래기도 했다. 특히 민속학에 관심이 커서 민속 일반을 두루 연구한다든가, 판소리나 탈춤에 관한 책을 모아 들인다든가, 구비문학 자료집을 보이는 대로 읽어댄다든가 했다. 어떤 때는 녹음기를 가지고 굿판에 가서 밤새 무가를 녹음하고 무당을 인터뷰하기도 했다. 그러다가 나는 학문을 체계적으로 하려면 다시 대학에 들어가 제대로 하지 않으면 안 되겠다는 생각을 했다. 학력學歷이 없이는 어떤 학력學力이나 학문적 성과도 인정받기 어려운 게 엄연한 현실임도 깨달았다.

나는 다시 공부하기로 맘먹고 외국어, 특히 영어를 바닥부터 하

140

기로 했다. 교과서가 가장 신뢰할 만한 교재라고 생각해서 중학교 2학년 영어 교과서부터 고3 교과서까지 모조리 모았다. 고등학교 교과서는 종류가 많아서 한 5,6종쯤 되었던 것 같은데 최대한 모아서 밑에서부터 훑어가며 독해를 했다. 혼자 이해 안 되는 부분은 동료 영어교사에게 도움을 청했다. 어느 정도 준비가 끝나자 나는 서울에서 국문학과가 있는 야간 대학을 수소문했다. 그래서 선택한 게 삼선교에 있는 한성대학교였다. 나는 2학년 편입시험을 치르고 합격하여 마침내 학적을 얻는 데 성공했다. 이때 한성대학교는 여대에서 남녀공학으로 학칙을 바꾸고 처음으로 남학생을 받았으니 참으로 아슬아슬한 기회였다. 나는 대학에서 가까운 의정부여자고등학교로 직장을 옮기고, 평생 처음 마련한 평택 집도 미련 없이 팔아치운 뒤, 학교와 직장의 중간 위치가 되는 수유리로 이사를 했다.

이렇게 하여, 박정희가 쿠데타로 정권을 잡던 1961년에 대학에 들어갔다가 18년을 우회하여 박정희가 비명에 사라지던 1979년에 와서야 겨우 상아탑에 재입성을 했으니 실로 감개가 무량하였다. 기고만장해진 나는 송별회 자리에서 '10년을 기약하고 학사, 석사를 거쳐 박사학위까지 얻겠노라'고 호언장담을 하였다.

고행 같은 주경야독

의정부여고에서는 처음부터 3학년 수업을 맡기고 담임까지 안겨주었다. 전임교에서 3학년 지도를 전담했다는 정보를 얻어 나에게 기대를 걸었던 것이다. 나는 야간대학 강의를 들을 수 있도록 해준 다면 어느 것도 거절할 수 없었다. 수업을 마치고 부지런히 버스 정류장으로 가서 당시 단골이던 13번 버스를 타고 달려 삼선교에서 내린다. 거기서 15분쯤 헐레벌떡 골목길을 걸어 언덕배기 오르막길을 죽어라고 걸어가선 고층 강의동 앞에서 걸음을 멈추고 두어 번 가쁜 숨을 몰아쉰다. 당시는 승강기의 보급률이 낮아 계단만 있는 고층 건물이 적지 않았는데 이 강의동에도 승강기가 없었다. 낮아야 4층, 높으면 6층에서도 강의를 들었는데 거기까지 올라가면 정말 숨이 턱에 닿는다. 여름철 같으면 온몸이 땀으로 멱을 감고 얼굴은 시뻘겋게 달아오른다. 그 모습으로 문을 열고 들어서면 교수와 수강생들의 시선을 한 몸에 받게 된다. 정말이지 나는 열에 아홉 번은 지각이었다. 내 나이 37,8세에 비슷한 연배 강사가 있었고, 정상적으로 들어온 학생들은 대개 갓 스물이나 그걸 겨우 넘긴 애송이들이니 내 낯이 얼마나 뜨거웠는가 모른다.

강의를 다 듣고 다시 집으로 돌아와 10시 가까워서야 저녁밥을 먹었다. 나이 어린 학생들은 틈틈이 찐 계란, 김밥, 샌드위치 등 간식이랑 군것질거리를 수시로 먹어댔지만, 나잇살이나 먹은 나로서는 체면에 그렇게 하기도 힘들었다. 12-13시에 점심을 먹고 꼬박 9시간쯤 쫄쫄 굶다가 밤참이나 먹을 시각에 소나기밥을 먹고 곯아떨어지는 식의 리듬 잃은 식생활을 하다 보니 위산과다라든가 역류성 식도염 같은 병에 오랫동안 시달렸다. 후에 위 내시경 검사를 받아보니 심한 위염과 위궤양을 앓은 흔적이 있다 했는데 아마 그때 앓은 것이 아닌가 싶다.

이때 나의 삶은 온전히 시간과의 싸움이요 체력 싸움이었다고 할 수 있다. 정규수업에 보충수업에 대학 수강에, 수업 준비와 수강 준비까지 끝이 없었다. 나는 버스를 타도 가장 덜 흔들리는 운전사 뒷자리에 앉아 책을 읽었다. 수업 틈틈이 쉬는 시간에도 책을 읽었고 화장실에서도 읽었다. 점심시간 후 소변을 보면서 양치질을 하는 나를 본 동료교사가 어처구니없다는 듯 웃음을 터뜨린 일도 있었지만 내게는 그게 일상이었다. 어느 학생이 내게 '선생님은 1분을 61초로 쪼개 쓰는 분'이라고 하여 내가 실소를 하였던 적도 있다.

그러나 정말 난처한 일은 담임 업무였다. 야간 자율학습 감독을 거의 할 수 없었던 것이다.

딴 반 담임들은 다 늦도록 남아 학급을 지키는데 노상 일찍 나가는 간 큰 담임을 학생들은 이해할 수 없었고, 결국 학생들은 교장을 찾아가 담임 교체를 건의하는 지경에 이르렀다. 어쩔 수 없이 나는 학생들에게 나의 딱한 사정을 솔직하게 털어놓았다. 학생들은 숙연해졌고, 몇몇 아이들은 눈물을 흘렸다. 나는 학생들에게 사과하고 교장에게 담임을 면하게 해달라고 부탁하였다. 그러나 교장은 허락하지 않았고 학생들도 나의 퇴진을 바라지 않았다. 울던 여학생들이 찾아와 나를 만류하고 오히려 용서를 빌었다. 그들은 담임 퇴진에 앞장섰던 애들이었다.

이런 우여곡절 끝에 나의 대학 시절은 어렵사리 지속되었지만, 그래도 성적우수 장학생으로 학비까지 면제받았다. 그도 그럴 수밖에 없었다. 어느 땐가는 고등학교에서 내가 선생으로 학생들에게 〈용비어천가〉를 수업하고 그 길로 대학에 가서 이번엔 학생으로 같은 것을 수강하는 일까지 있었을 정도니까 말이다. 평택고에서 내가 가르쳐 졸업시킨 남학생이 같은 학년에 있었고, 의정부여고에선 내가 담임한 여학생을 같은 국문과에 보내고 함께 공부한 일도 있었다. 내가 대학을 졸업한 것은 1982년, 내 나이 마흔이 되는 해 2월이었다.

내친 김에 석사에 도전하다

오랫동안 잃었던 학문의 리듬을 회복한 나는 평소 벼르던 바대로 고려대 대학원 석사과정 국문학과에 응시를 하여 합격하였다.

고등학교 교사로 닳고 닳은 나에게 대학(학부) 공부는 별로 노력을 하지 않아도 통했는데, 석사과정에서는 학구적 긴장감이 팽팽히 이어졌다. 대학원 공부가 여러 모로 신바람이 나긴 했지만 학부와는 또 다른 의미의 고행이 기다리고 있었다. 매일 강의가 있지 않고 일주일에 두어 번만 나가면 되니 한숨 돌리게 되었다 싶었는데, 그게 그렇지가 않았다.

남들처럼 교육대학원에나 갔으면 좀 수월할 걸 일반 대학원이다 보니 적당히 넘어가는 때가 없었다. 과제도 많고 도서관을 안방 드나들 듯 뻔질나게 다녀야 했다. 또 직장에선 야간이 아니라 주간에 학교를 빠져나오는 어려움이 만만치 않았다. 강의 들으러 가는 날

144

엔 수업 시간을 앞으로 당기거나 딴 날로 몰아야 하니 쉴 짬이 없이 강행군 수업을 하는 경우가 많았다. 게다가 학교 관리자나 동료교 사들이 그만큼 편의를 보아 주고 특별 배려를 하는 것이니 얼마나 고맙고 얼마나 미안한 일인가. 선호하지 않는 부서에 배치되고 싫 은 업무가 배당되더라도 불평을 하지 못했고, 힘이 들어도 내색 한 번 못하고 늘 죄진 듯이 숨죽이고 지내야 했다.

게다가 등록금 외에도 학부와 비교가 되지 않을 만큼 돈이 들었 다. 워낙 인플레도 심하던 시절이라 박봉으론 살림살이조차 빠듯 해서 남편의 학자금 마련을 위해 아내는 애를 둘이나 키우면서 피 아노 레슨을 하여 내 뒷바라지를 했다. 그 고마움에 보답하기 위해 서 나는 묵묵히 버티며 고행을 감수해야 했다.

얼결에 보낸 첫 해에 비해 둘째 해가 더 힘들었다. 늦깎이에 한 학기라도 빨리 졸업을 하려는 조바심으로 늘 동분서주하였다. 더 구나 석사과정에서도 여전히 고령자인 나는 20대들에게 뒤지지 않 으려고 안간힘을 썼다. 그러다 보니 리포트를 쓰거나 연구 발표를 하더라도 젊은 사람들보다 뭔가 더 잘해야 체면 유지가 된다는 강 박관념에 시달렸다.

학위 논문 제출 전에 통과할 관문으로서 치러야 하는 외국어 시 험과 종합시험의 중압감도 엄청났다. 정작 논문을 쓰는 데도 또 얼 마나 시간과 체력을 써야 했는지 모른다. 내가 택한 것은 고소설 『최고운전崔孤雲傳』의 연구였는데 요즘과 연구 환경이 무척 달라서 그 이본과 선행 논문 등을 발로 뛰며 모아야 했다. 도서관을 찾아

꽤나 돌아다니고 개인 소장자를 찾아 헤매기도 많이 했다. 고려대 외에도 연세대, 단국대, 동국대, 정신문화연구원 및 국립중앙도서관 등을 다녔는데 엉뚱한 부수입으로 고소설『윤인경전尹仁鏡傳』을 발굴하여 사계에 처음 소개하는 기쁨도 맛보았지만, 까다로운 소장자를 설득하느라 애쓴 기억도 새롭다. 원광대 정 아무개 교수는 전화 한 통에 이본 자료를 깔끔하게 복사하여 다른 자료까지 덤으로 얹어 보내준 반면, 전남 S대 최 아무개 교수는 도무지 설득이 안 되었다. 결국 서울부터 기차를 타고 가서 일박까지 하며 겨우 만났으나 자료 열람만 마지못해 수락할 뿐 복사는 끝내 허락하지 않았다. 나는 소장자가 지켜보는 앞에서 자료를 읽고 필요한 부분을 발췌하여 필사하는 것으로 타협을 보는 데 만족해야 했다. 필사본 한문소설이라 읽기도 쉽지 않은 판에 요긴한 대목을 골라 옮겨 베끼자니 시간이 많이 걸렸다. 퇴근하겠다고 재촉하는 소장자를 달래며 화장실 가고 싶은 것도 참고 두어 시간 만에 겨우 필사를 마쳤다. 책은 앉은 자리에서 돌려주고 왔지만, 그래도 돌아오는 기차 안에서 기록물을 다시 읽으며 보배를 얻은 듯 흐뭇했으니 학문의 즐거움이란 게 이런 것인가 싶었다.

논문 심사과정에서 한 바탕 어려움을 겪기도 했으나 논문「최고운전의 형성배경 연구」로 나는 석사학위를 받았다. 때는 1984년, 중등교원 중에 석사는 퍽 드물던 시절이었다. 내 나이 마흔넷이었다.

나는 다시 같은 대학원 국문과 고전문학전공으로 박사과정에 응시하였고 합격하였다.

상아탑의 층계 2

『논어』 계씨장을 보면 공자는 앎에 대하여 4가지 등급을 가려 놓고 있다. 4등급인즉, ① 태어날 때 이미 아는 것生而知之 ② 배워서 아는 것學而知之 ③ 궁해서 애써 배우는 것困而學之 ④ 궁해도 안 배우는 것困而不學 등이다. 나는 고등학교까지 아니 대학 때까지도 제법 잘 나아갔다. 그래서 1등급인 '생이지지'는 언감생심이지만 2등급인 '학이지지'는 된다고 자부했는데 대학원에 들어와서는 그렇게 만만치가 않았다. 더구나 박사과정에 들어오니 세월을 뛰어넘어 만학으로 도전하는 최고의 층계 오르기가 얼마나 벅찬 일인지 실감하였다.

만학의 고달픔

석사과정에서도 경험한 바이지만, 같은 대학의 학부로부터 올라온 학생이나 오랜 기간 단절 없이 올라온 젊은 층과는 달리 나는 교수들과 코드가 잘 맞지 않았다. 척하면 삼천리라는데 나는 교수들의 말을 알아듣기도 쉽지 않았고 호흡을 맞추기도 어려웠다. 분위기가 낯설기 때문에 그러려니 했으나 동지적 유대감이나 정서적 공감대 확보가 안 되어 늘 겉돌았다. 그럴수록 나는 교수나 딴 학생들 앞에서 기죽지 않기 위해 내 학문적 위상을 높이지 않으면 안 된다고 생각했다.

어떤 교수는 일본어 원서를 읽어야 하는 과제를 내주기도 하고, 어떤 교수는 중국에서 수입한 백화체 서적의 한 장章을 번역하라고 주문하기도 했다. 영문이나 한문 고전 독해는 기본이었다.

나는 남을 앞서기는커녕 뒤따르는 것도 버거웠다. 직장에서 보내는 시간을 빼고 나면 공부를 위해 내가 할애할 수 있는 시간이 워낙 부족했다. 아내에게조차 내색은 안 했지만 난 늘 허덕였다. 그래도 울며 겨자 먹기로, 나는 한문 고전을 배우러 새벽마다 유도회儒道會 훈장님을 찾아갔고, 일본어를 배우러 재일교포 출신 할머니를 강사로 모시기도 했다. 그래도 종강에다 방학이 되면 영어 학원 성인반에 등록한 적도 있고 대학 총학생회에서 마련한 중국어 교육 프로그램에 참여하기도 했다. 2등급인 '학이지지'가 추락하여 3등급인 '곤이학지'가 된 처지를 비관할 새도 없이 그야말로 죽을 둥 살 둥이었다. 박사과정에서 그나마 위안이라면 내 나이와 어금지금한 고령자로서 함께 강의를 듣는 이들이 제법 있다는 사실이었다. 그러나 비록 학위는 미처 갖지 못했을망정 그들은 대부분 현직에 있는 대학교수였기에 나하고는 정서가 달랐다. 그때만 해도 박사학위를 갖추지 못한 교수가 절반이 넘는 대학(혹은 학과)들이 적지 않던 시

148

절이었다.

그 와중에도 잊지 못할 추억거리(?)가 가슴 한 복판에 상흔처럼 남아 있다. 전두환 정권 시절 학생들은 빈번히 학교 안팎에서 시위를 했다. 교내 게시판이나 건물 외벽에는 대자보가 어지럽게 붙어 있고 격렬한 문구가 적힌 울긋불긋한 현수막이 여기저기서 너풀거렸다. 학생들은 꽹과리를 울리고 확성기로 구호를 외치고, 종종 운동장에 모여서 우렁차게 운동권 노래를 불러댔다. 가끔은 교문 밖으로 진출하여 돌팔매를 날리고 화염병을 던지다가 쫓겨 들어오기도 했다. 어느 날인가는 강의를 들으러 최루가스가 가득한 교정을 뚫고 걸으며 눈물 콧물에 재채기까지 하면서 얼마나 울었는지 모른다. 화장실에 들어가 수돗물에 눈을 씻다가 문득 거울을 보니 꺼칠한 피부에 눈은 새빨갛게 충혈된 중년 사나이가 거기 있었다. 처참한 내 몰골이 낯설게 느껴지며 갑자기 온갖 설움이 밀려왔다. 나는 왜 이 고생을 사서 하는가? 설명하기 어려운 눈물이 줄줄 흘러내렸다.

책 사는 재미 책 모으는 재미

책을 사 모으는 것도 일종의 취미가 될 수 있음은 이미 공인된(?) 일이다. 특정 분야의 책만 눈에 띄는 대로 사는 사람, 창간호 잡지를 알뜰히 모으는 사람, 고서라면 값을 묻지 않고 사재는 사람, 희귀본을 구해서 비장하는 사람, 금서를 남몰래 수집하는 사람 등 나름대로 다양한 기호를 가진 사람들이 있고, 더러는 그로써 투자 효과를 거두는 사람이나 장서가로 명성을 얻고 대우받는 사람도 있다. 궁상맞은 살림살이에 찌든 나로서는 그렇게까지 사치스런 수집 취미를 누릴 여유가 없었지만, 학문을 한답시고 나선 길이니 필수적인 전문서야 사들이지 않을 수 없었다. 처음엔 도서관이나 남들에게 빌린 책의 요긴한 부분을 복사하여 모으거나 청계천 일대의 헌책방을 순례하며 싸구려 책을 사들였다. 그러나 점차 대담해지기 시작하여 월급의 5분의 1쯤 되는 전집류를 들여놓기도 하고, 놓치기 아까운 책이라 하여 덥석 외상으로 사놓고 다달이 생계에 위협을 받기도 했다. 그때만 해도 한정판 고전문학 관련 영인본이 나오면 무조건 사고 봐야지 때를 놓치면 구하기가 힘들었다. 더러는 일본이나 중국의 명저를 해적판으로 찍어 팔기도 했고, 월북 작가의 금서를 은밀히 거래하기도 했다.

금서 얘기가 나와서 말인데, 지금 와서 생각하면 우스운 일이지만, 월북 문인이나 학자들은 그 이름을 언급하는 것조차 죄가 되던 시절이었다. 예컨대 벽초 홍명희를 부르려면 '벽초'만 쓰든가 아니면 '홍×희'라 했고, 아호가 잘 알려지지 않은 사람, 그 중에도 외자 이름인 사람은 '안확'을 '안○', '임화'를 '임×' 식으로 썼으니 답답하기 이를 데 없었다. 그러던 차에 안확의 『조선문학사』, 김태준의 『조선소설사』『조선한문학사』『조선가요집성』, 홍명희의 『임꺽정전』 등을 보여주면 마치 포르노를 구입하는 숫총각처럼 쉬쉬 하며 달라는 대로 주고 샀다.

150

앞에서도 이야기했던 고교 은사 김주영 선생님에게 나는 많은 고마움을 느꼈다. 선생은 당시 절판 상태였던 양주동의 『고가연구』 『여요전주』, 조윤제의 『조선시가사강』 『국문학사』, 또는 최현배의 『우리말본』, 김윤경의 『조선문자급어학사』, 김형규의 『고가주석』 『국어학개론』 등을 넘겨주거나 빌려주었다. 거기다가 선생은 월북 문인들의 책을 꽤 비장하고 있었는데, 학교에서 배우지 못한 진실을 내게 알려줌과 동시에 고이 간직한 책을 빌려주어서 당신 말씀을 몸소 확인하도록 배려했다. 그 덕분에 김기림의 『기상도』 『바다와 육체』, 이태준의 『돌다리』 『문장강화』, 박태원의 『천변풍경』, 임화의 『신문학사』 등을 접했고, 정지용, 백석, 이기영, 한설야 등의 인물과 작품들과 낯을 익힐 수 있다.

월북 문인들 얘기라면 빠뜨릴 수 없는 지인이 도서출판 깊은샘의 박현숙 사장이다. 한성대 재학 중에 함께 공부한 인연으로 박 사장은 삼중당 시절부터 내가 아쉬워하는 책들을 싼값에 많이 구해 주었거니와, 특히 그는 정지용, 이태준, 박태원, 김기림 등 월북 문인들 작품을 다수 소장하고 있었다. 고전문학을 전공하다 보니 적극적으로 손을 대지는 못했지만, 여러 모로 도움을 받았음은 감사하지 않을 수 없다.

책장을 사들이고 층층이 쌓이는 책을 보면서 나는 행복했다. 세창서관이나 통문관 같은 고서 전문상을 찾아가 원하던 책을 마침내 손에 넣었을 땐 돌아오는 버스 안에서 내내 즐거운 미소를 감출 수가 없었다. 한번은 을지로 구석진 곳에 파묻혀 있는 영세한 인쇄소를 물어물어 찾아가 울긋불긋한 딱지본 한 보따리를 구하고는 기뻐서 어쩔 줄 몰랐던 적도 있다. 교보문고 같은 곳을 드나들며 일본에서 수입한 책이나 서양 수입서적을 사기도 했다. 당시 중국과는 외교관계가 없었음에도 홍콩을 경유하는 방식으로 중국서적을 제법 사들이기도 했다. 국내에서 나온 『세계대백과사전』을 갖춘 것도 좋았지만, 중국의 고전 백과사전인 『연감유함淵鑑類函』이나 일본에서 나온 『대한화사전大漢和辭典』을 사들이는 재미는 농민이 한 섬지기 논을 산 것에나 비길 만큼 흐뭇하기가 비할 데 없었다.

88년에 용꿈을 이루다

학위 논문의 열쇳말을 '용龍'으로 잡았다. 고전 속에 들어 있는 사상에 관심이 많았던 나는 무교, 불교, 유교, 도교(선교)에 관한 연구는 이미 될 만큼 되어 있음을 알았다. 그러나 무교와 유불선, 기독교에까지 공통적으로 들어 있는 '용사상龍思想'에 관하여는 고작해야 석사 논문 수준에 머물고 있었다. 나는 '용사상'이란 용어조차 학술적으로 정립이 안 된 상태에서 '드래고니즘dragonism'이란 신조어까지 만들어가며 달려들었다. 용의 기원부터 그 관념과 기능을 구명하고 분류하였다. 인도 용, 중국 용, 일본 용 또는 서양 용과 견주어 한국 용이 어떻게 다른가를 비교 연구하였다. 다음엔 한국 고전문학의 장르별로 용사상이 어떻게 수용되어 있는가를 밝히고자 하였다.

152

온통 머릿속이 용에 대한 생각으로 가득한 채 지내다 보니, 용꿈도 두어 번 꾸었다. 용을 상상의 동물이 아니라 실재하는 존재로 착각하는 해프닝도 있었다. 한번은 버스를 타고 서서 창밖을 내다보며 선승의 화두처럼 '용' 화두를 궁굴리며 가는 길이었다. 그런데 어느 순간 창밖에 퍼뜩 이상한 간판이 보였다. 용龍갈비! 음식점 이름이었다. 나는 먼저 충격을 받았고 다음엔 감격하였다. 아하, 용갈비가 있었구나! 아무렴, 소갈비, 돼지갈비, 닭갈비까지 다 있는데 용갈비 파는 데라고 왜 없겠느냐? 나는 버스를 내려서 확인해야지 하는 생각까지 하다가 어이가 없어 피식 웃고 말았다.

어서 논문을 끝내자고 조급하게 서둘렀다. 논문 제출 자격을 얻으려면 외국어 시험 두 가지와 종합 시험을 통과해야 했다. 먼저 영어와 한문을 선택하여 외국어 시험을 보았고 다행히 한 번에 합격했다. 학점 이수가 끝나자 종합 시험을 치러 역시 한 번에 합격했다. 그러나 지도교수는 논문 제출을 허락하지 않았다. 학번 따라 순서를 기다려야 했다. 안달을 하여 겨우 차례를 얻고 논문을 제출하니 그 해가 1988년, 서울 올림픽이 열리던 해요, 무진년 용의 해였다. 나의 논문 「용사상의 한국문학적 수용 양상」이 어렵사리 통과되니, 내가 다시 대학문을 두드린 지 정확히 10년, 평택에서 떠날 때 송별회식 자리에서 했던 말, "10년을 기약하고 학사, 석사를 거쳐, 박사학위까지 얻겠노라"가 씨가 되었음을 회고하며 감회가 새로웠다.

지금은 초·중·고 교원 가운데도 박사학위를 가진 사람이 제법 많은 줄 안다. 그러나 내가 학위를 받던 1988년만 하더라도 외국에서 어설픈 명예학위를 얻어온 사립학교 교장을 제외하면 경기도 초·중등 교원 가운데 학위를 가진 사람은 한두 명에 불과했으니 단연 희소가치가 있었다. 더구나 가장 낮은 학력으로 고등학교 교원 노릇을 하던 내가 역으로 가장 학력이 높은 교원이 되었다는 자긍심이 컸다. 그러나 세상의 가치 척도는 경제였기에 실용성 없는 인문학에 대한 평가는 인색했다. 정작 논문이 통과되고 나서 나는 한동안 회의에 빠져 우울한 시간을 보내야 했다.

용 잡는 기술이라

'용 잡는 기술屠龍之技'이란 말이 있다. 이 말의 전거는 『장자莊子』에 나오는 우화이다.

어떤 사람이 거금의 재산을 날리면서 스승에게 용 도살하는 기술을 배웠는데 평생 그 기술을 어디 써먹을 데가 없더란 것이다. 우리 고전은 말할 것도 없지만, 중국의 한문 고전과 일본의 연구서와 영문 서적, 독일어로 쓰인 자료까지, 내 짧은 어학 실력으로 얼마나 힘겨운 씨름을 하였던가. 책과 자료를 구하러 또는 사람을 만나러 얼마나 헤매었던가. 직장에서는 또 학생과 동료들에게 얼마나 눈총을 받으며 뻔뻔한 나날을 보냈던가. 가정에서는 아내나 애들에게 또 얼마나 소홀하였던가. 집안의 대소사나 친구들의 모임에는 또 얼마나 무심하게 지냈던가. 돈은 얼마나 깨지고 몸은 얼마나 망

가졌으며, 머리는 얼마나 혹사당하고 가슴은 얼마나 학대당하였던 가. 그런 희생을 치르고 얻은 것은 과연 무엇인가. 고작 아무 짝에도 못 쓰는 '용 잡는 기술'이 아니던가.

상아탑의 꼭대기를 향해 한눈팔지 않고 달려온 10년에 의미를 부여하기 위하여 나는 한동안 안간힘을 써야 했다. '용 잡는 기술'이 쓰일 데라곤 그나마 상아탑의 기능이 남아 있는 대학이었지만 자리를 찾는 일은 불가능했다. 학위를 땄다고 보수가 오르지도 않았고 승진이 되지도 않았다. 청춘은 사라지고 나는 이미 40대 중반이었다.

그러나 후회는 없었다. 우리나라에서는 고려 때부터 '사士'의 정의를 '책 읽는 사람讀書人'이라 했다. 박사博士야말로 '사士' 중의 으뜸일지니 '용 잡는 기술'이 돼도 '책 읽는 사람(선비)'으로서의 자부심이야 양보할 수 없는 노릇 아닌가.

아, 또 있다. 가장 중요한 것은 공자가 일찍이 갈파한바 '배우고 때로 익히면 또한 기쁘지 아니한가學而時習之 不亦說乎'에 나와 있다. 선비로서 책 읽는 즐거움, 학문하는 기쁨, 이것은 돈을 주고도 살 수 없고 명예와도 바꿀 수 없는 소중한 자산이 아니던가.

한번은 국립중앙도서관에서 고문헌인 도가의 권선서『태상감응편도설』을 읽다가 눈에 번쩍 띄는 구절을 발견했다. "늙으니롤 공경ㅎ고 어린이롤 보호ㅎ며…" 그제까지 알려진 바로는, '어린이'란 말이 본래 없었는데 아동문화운동을 하던 소파 방정환 선생이 아이들을 존중하기 위하여 새로 지어낸 말이라고 했다. 1923년, 잡지

155

〈어린이〉를 창간하고 '어린이날'을 제정한 것도 같은 취지에서 나왔다고 했다. 그러나, 철종 3년(1852) 판인 이 목판본에 '늙으니(늙은이)'의 상대어로 '어린이'가 나오지 않았는가. 더구나 초간본이 헌종 14년(1848)에 나왔으니, 자그마치 75년 전 문헌에 나온 것이다. 소파 출생년도인 1899년으로 따져도 51년 전이다. 그렇다, 소파 이전에 우리 선조들은 '늙은이'와 나란히 '어린이'라는 말을 이미 써왔다. 유레카!

비록 하찮을지언정 이런 진실을 찾아내는 기쁨과 보람이야말로 학문의 노고를 상쇄하고도 남는 것이 아닐까?

학교도서관, 그 내공의 기억 1

석가모니는 부처를 이룬 후 한동안 진로 때문에 망설였다고 한다.
해탈의 행복감에 심취하여 그대로 오래 있고 싶었던 모양이다. 세
상에 가르침을 펴서 어리석은 중생을 제도한다는 일이 얼마나 피
곤한 일인지 넉넉히 짐작했기 때문이었다. 그러나 그는 결국 중생
제도라는 귀찮은 일, 피곤한 사업에 남은 생애를 바쳤다. 이것을 이
른바 성불제중成佛濟衆이라 하거니와 성인들은 하나같이 처음엔 자
아성취에 목을 매고 자아성취를 한 뒤에는 세계구원을 위해서 자
기를 버린다. 공자가 "아침에 도를 들으면 저녁에 죽어도 좋다朝聞
道夕死可矣" 하면서 "배우고 때로 익힌學而時習" 것이 앞엣것이요 "상
갓집 개喪家之狗"가 되어 "수레 타고 천하를 헤매다轍環天下"가 뒤엣
것이니, 이른바 수기치인修己治人이 그것일 터이다. 예수가 광야에
서 40일을 금식하며 시험받은 것이 앞엣것이요 십자가형을 받도록
까지 '회개하라'를 외치고 다닌 것은 뒤엣것이라 할 것이니 이른바
구령목양救靈牧羊이 또 그것일 터이다.

좌절된 자기과시

이렇게 거창하게 나오는 속셈은 별것이 아니다. 학위라고 받고 보니 남들한테 뭔가 아는 체를 하고 싶어 안달이 난 상태를 미화한 것이니, 분수 모르는 치기라고나 해두자. 의정부에서 9년을 보낸 나는 지역 만기가 되어 양주군에 있는 남자고등학교인 Y고로 자리를 옮겨야 했다. 한성대와 고려대에서 강의를 맡아 상아탑의 도롱지기를 시험하며 지내는 한편, 내가 몸담고 있는 고등학교에서 나의 할 바가 무엇인가를 고민했다. 직장 생활을 하면서 내가 학사, 석사, 박사를 성취할 수 있도록 10년을 받쳐준 경기 교육에 보답하기 위해서라도 나는 고졸 학력의 교사보다 박사 학력의 교사가 더욱 양질의 교육을 한다는 것을 증명해야 했다. 그렇게 해서, 그동안 소속 학교의 관리직이나 동료교사나 학생들에게 음양으로 부담을 안겨주면서까지 학문을 해온 자신의 판단과 행위가 정당했음을 변호하고 싶었는지도 모른다.

그러나 Y고등학교는 그야말로 열등생들의 집합소였다. 40년 가까운 교단 평생에 10개 정도의 학교를 거쳤지만 이 학교보다 더 힘든 학교는 없었다. 3학년 국어수업을 들어가 보니 교과서를 가져오는 학생이 거의 없었다. 학생들을 몰아쳐서 빌려서라도 가져오도록 하는 데까지는 겨우 성공했지만, 어이없게도 교과서를 제대로 낭독할 수 있는 학생이 극소수였다.

나는 그들에게 교과서 독해를 가르치는 게 무리임을 금방 깨달았

158

다. 이런 학생들에게 대학 입시 공부를 시키라고 강요하는 관리자에게 나는 많이 실망하였다.

1학년 학생들에게 희망을 걸고 새로운 시도를 해보기로 했다. 그러나 그들 역시 오십보백보였다. 결론인즉, 독해력이 없는 이 학생들에게 국정 교과서는 너무 어렵더라는 것이다. 예의 '앎에 대한 4등급'에 대보고, 처음엔 학생을 마지막 등급인 곤이불학이라고 나무라다가 절망감을 추스르고 다시 보았다. 아무래도 학생 쪽보다는 곤이학지의 학습조건을 안 만들어준 교사 쪽의 책임이 더 커 보였다. 어느 기회엔가 문교부 편수관에게 국어 교과서를 국정에서 검인정으로 풀라고 당돌한 건의를 한 적도 있었지만, 턱도 없는 소리였다. 2006년 새해 뉴스 가운데, 2010년경에 국정교과서를 없애기로 했다는 소식이 들려오는 것을 보며 참 오래 걸렸구나 하는 느낌이었다. 중등 도구과목 가운데 영어나 수학은 일찍부터 검인정 교과서가 있어 선택의 여지가 있었는데 국어만은 굳이 전국 통일을 고집하다니! 이를 두고 국어 중시 정책이란 명분으로 변명한다면, 나는 오히려 국어를 만만하게 보는 경시 정책이라고 받아치고 싶다. 독해 수준이나 학습 능력에 따라 선택할 수 있는 다양한 검인정 교과서가 나와야 한다는 게 내 지론이다.

나는 일주일에 한 번은 교과서를 치워놓고 새로운 시도를 해보았다. 말하기와 책읽기. 말하기는 '나의 방학생활'이라든가 '나의 취미생활' 같이 너그러운 주제를 주고 학생들이 편하게 발표하도록 유도했다. 그러나 정리 안 된 이야기일망정 발표를 할 수 있는 학생은 소수였으니, 훈련이 안 된 학생들에게는 그것도 무리였다. 책읽기는 또 어떻게 시도할까? 학교에 도서관 시설이 없으니 책을 빌릴 데도 없고, 그렇다고 책을 사볼 만한 여유가 있는 애들도 아니었다. 교과서조차 못 읽는 수준의 애들에게 무슨 책을 정해주고 읽으라고 강요한들 될 것 같지도 않았다. 나는 그들에게 "무엇이든 읽고 싶은 것, 재미있는 읽을거리를 가져오라"고 최대한의 선택권을 주었다. 그러자 그들이 가져온 것은 만화책과 주간지, 기껏해야 아동문고판 위인전 등이었다. 씁쓸했지만, 이런 경험도 훗날 학교도서관을 운영할 때 좋은 참고거리가 되었다.

율곡의 그늘을 찾아서

어느 해던가 스승의 날 풍경이 떠오른다. 의정부여고 3학년 교실, 반장의 구령에 따라 수업 시작 전에 교사와 학생이 인사를 주고받는 절차가 끝나자, 그때까지 시치미를 떼고 있던 학생들이 느닷없이 애정공세(?)를 퍼부었다. 저마다 만든 종이비행기를 내게 날려 보냈고, 박수와 환호로 교실이 뒤집어졌다. 이윽고 학생 대표가 울긋불긋한 종이학 1000마리를 넣은 크리스털 병 하나를 내게 들고 왔다. 자기들이 치른 인기투표에서 내가 1등으로 뽑혔기에 틈틈이 정성으로 접은 종이학을 모아 내게 기념으로 준다고 했다.

종이비행기에는 가지가지 기발한 축하 메시지가 적혀 있었다. 그 중에서 가장 인상적인 것은 "선생님, 국어 시간이 너무 짧아요"

160

였다. 지겨운 입시공부에 치인 애들이고 보니 입에 발린 말인 줄을 짐작 못 할 바는 아니지만, 거기엔 꼭 그렇지만도 않은 진실이 묻어 있음을 모를 바도 아니었다. 국어 시간마다 나는 학생 때 읽은 책을 인용하고 소개하며 종횡무진 신바람 나는 수업을 했고, 그때마다 내게 귀와 눈을 모아주던 18,9세 꿈 많은 여고생들의 그 빛나는 눈망울을 익히 보아왔기 때문이다.

1989년 5월, 나는 학생들을 마주하여 황홀한 눈빛을 교환하던 교단교사로서의 역사를 아쉽게 마감하였다. 학위를 획득한 덕분인지 전문직으로 전직하여 교원연수원으로 갈 기회가 생긴 것이다. Y고에서 학생 교육에 좌절감을 느끼고 있던 터에 나는 득의만만하여 교육연구사라는 직함을 가지고 파주에 있는 율곡교원연수원으로 자리를 옮겼다. 초·중·고 교원들의 재교육 기관으로선 경기도 교육청이 전국에서 맨 처음 만든 연수원이었다. 학력 수준이 한참이나 미달인 학생들과 씨름을 하느라 풀이 죽었던 내게, 선생님들을 대상으로 교육을 하라니 얼마나 매력적인 직장인가.

물론 교육연구사는 교수요원이 아니었다. 연수과정을 기획하고 실행하고 평가하는 업무가 본업이었다. 하지만 외부 초청 강사가 맡는 강의 외에 자체 전문직도 각자 전공에 따라 교수에 임할 기회가 적지 않았다. 나는 국어학과 국문학 관련 강좌를 비롯하여 몇 가지 강의를 틈틈이 하였다. 그리고 유명한 학자, 교수, 전문가 들의 강의를 기회 닿는 대로 들었다. 야간에는 S대 출강을 했고, 여타 연수기관이며 군부대며 어머니교실 등에도 불려 다녔다. 이런 것

161

들이 나의 학문적 목마름을 어느 정도 축여주는 생수가 되었다. 그러나 율곡교원연수원 생활은 내게 또 다른 매력과 추억을 안겨주었다.

율곡의 넉넉한 품속

율곡교원연수원(후에 율곡교육연수원으로 고침)은 덕수 이씨 종산인 자운산 경내에 있는데, 여기에는 율곡과 사임당을 비롯한 율곡 가족 묘소가 있고, 율곡을 모신 자운서원紫雲書院과 율곡기념관이 있다. 나중엔 사정이 조금 달라졌지만, 처음 간 연수원은 근무환경이 썩 좋았다. 아름답고 쾌적한 환경에 연수과정이 없는 날이 많다 보니, 보충학습이다 자율학습이다 들볶이는 학교 현장이나, 폭주하는 사무에 시달리는 교육청 같은 행정기관에 비하면 신선놀음이나 진배없었다.

숙소에서 자는 날이면 일찌감치 잠자리를 털고 일어나 맑은 공기를 쐬면서 조용한 경내를 가로지른다. 서원 곁에 있는 약수터로 가서 찬물 한 바가지를 받아 마시고는 등산로를 따라 산등성이로 올라선다. 드러난 나무뿌리며 기울어진 고사목이며 이슬 젖은 잡초를 거치며 요리조리 걷다 보면 어느 새 자운산 한 바퀴를 돈 셈이된다. 그 길로 식당에 가면 밥맛이 각별하다. 점심시간, 이번엔 식사 후 문성문文成門을 지나 묘역으로 올라간다. 이 묘역은 도장倒葬의 본보기로 늘 화제에 오르고 있으니, 부모 위에 자식, 형 위에 아우, 남편 위에 부인이란 역순으로 묘를 썼기 때문이다. 나는, 조선조 예학의 태두인 사계 김장생이 율곡 선생의 수제자일진대 사전에 선생과의 깊은 교감이 있어서 이런 장묘법을 감행했을 것이라고 생각했다. '문성공율곡이선생지묘文成公栗谷李先生之墓'에 합장하여 인사드리고 돌아서면 멀리 산등성이 너머로 임진강이 어슴푸레 보인다. 아쉬운 맘으로 신사임당의 유택에 마저 들러 인사드리고 내려오는 산책길은 마냥 행복하다.

저녁 일과가 끝나면 다시 자운서원으로 간다. 가는 길에 만나는 연못에서는 비단잉어들이 헤엄을 치고 흰 오리 몇 마리가 번갈아 자맥질하는 풍경을 보게 된다. 길섶에는 가을마다 아람 벌어 절로 떨어진 밤알들이 뒹굴었고, 길목에는 샛노란 은행잎들이 함빡 떨어져 발밑에 화사한 수를 놓고는 했다. 좀더 오르면 보호수로 등록된 360살 느티나무 두 그루를 만나는데, 그 늙은 몸을 휘젓고 다니는 청설모와 다람쥐며, 사랑의 술래잡기에 몰두하는 산새들을 구경한다. 삼문을 지나 맨 위쪽 단에 놓인 사당에 들러 영정에 예를 표하고 내려오노라면 종종 서편으로 저녁놀이 벌겋게 물드는 장관이 펼쳐진다. 땅거미가 짙어지고 숲의 음영이 컴컴하게 변하면서 이번엔 하늘에 숫별들이 보석처럼 돋아난다. 시시각각으로 여물어 가는 별들이 또랑또랑한 눈빛으로 영겁의 밀어를 전할 무렵이면, 기념관 삿갓지붕 추녀에 드높이 매단 풍경이 문득 생각난 듯 뎅그렁뎅그렁 시나브로 흐느낀다.

범재의 기를 죽이는 천재

나는 율곡 선생의 묘소 앞에 가면 그러잖아도 '선생의 인격과 학문을 닮아지이다' 빌며 다짐을 했지만, 연수원에 있다 보니 선생을 사모하는 마음이 절로 깊어졌다. 그러나 천재들의 불가사의한 행적은 항상 우리 범부들의 기를 죽인다. 「율곡선생행장기」는 이런 식이다.

…3세 때 말과 글을 배웠으며, 7세 때에는 「진복창전」을, 8세 때에는 「화석정」시를 지었고, 10세 때에는 경포대에 올라 장문의 「경포대부」를 쓰니 신동으로 세상 사람들을 경탄시켰다. …16세에 모친상을 당하자 3년간 사임당 묘전에 시묘한 후 뜻한 바 있어 금강산에 입산하고, 수도 1년 만에 불교철학에 통달하였다. …13세에 진사 초시에 장원 급제한 것을 비롯하여 크고 작은 과거에 모두 9번 응시하여 9번 장원함으로써 구도장원공九度壯元公으로 일컬어졌다.

파주 율곡리에 있는 화석정에서 선생이 8세 때 지었다는 오언율시 「화석정」은 그 시상과 기교에서 어디 흠잡을 데가 없다.

林亭秋已晚 숲 속 정자에 가을 이미 깊은데
騷客意無窮 시인의 생각이야 끝이 없구나
遠水連天碧 멀리 강물은 하늘 닿아 푸르고

164

霜葉向日紅 서리 맞은 단풍은 햇볕 받아 붉도다

山吐孤輪月 산은 외로운 달을 토해내고

江含萬里風 강은 만리 바람을 머금는데

塞鴻何處去 변방 기러기는 어디로 날아가는지

聲斷暮雲中 저녁 구름 속에 소리마저 끊어지네

　열아홉에 금강산에서 노승과 문답할 때 나왔다는 다음 시는 견성의 기미까지 엿볼 수 있으니, 1년 만에 불교철학에 통달했다는 말이 무턱대고 부풀린 것만도 아니라는 사실에 승복할 수밖에 없다.

魚躍鳶飛上下同 물고기는 뛰고 솔개는 날지만 위아래가 매한가지

這般非色亦非空 이건 색도 아니고 공도 아니라네

等閒一笑看身世 실없이 빙긋 웃고 내 신세를 돌아보니

獨立斜陽萬木中 해질 녘 숲속에 나만 홀로 서 있구나

자운산에서 만난 2남2녀

게다가 스물셋에 별시에서 장원할 때 지은 「천도책天道策」을 보고서, 나는 그 고원한 세계관과 정연한 논리에 다시 한번 두 손을 들었다. 한동안은 마냥 우울했다. 지천명이 코밑인데 고전문학으로 학위까지 받았다는 주제에, 다른 것은 다 그만두고라도 여덟 살 꼬마의 발꿈치도 따라갈 수 없다니 하는 자괴감 때문이었다. 땅에서 넘

어진 놈은 땅 짚고 일어난다던가, 그나마 『격몽요결擊蒙要訣』을 읽고는 마음의 안정을 찾았다. 선생은 맹자의 입을 빌려 "사람은 누구나 요순이 될 수 있다人皆可以爲堯舜"고 다독거렸다. 하기야 석가도 "사람은 누구나 부처가 될 수 있다一切衆生皆有佛性"고 했으니까.

하도 한적하다 보니 연수원을 율곡사栗谷寺라 부르고 원장을 주지스님이라 농하면서 자조하는 분위기가 없지 않은데다 어이없는 사고도 잦았다. 숙소로 기어든 독사가 잠자는 동료 연구사를 무는 바람에 한바탕 소동이 일었는가 하면, 또 다른 연구사는 들쥐가 매개체라는 유행성출혈열에 감염되어 미처 손쓸 새도 없이 급사하는 불상사도 있었다. 이런 흉흉한 분위기에 편승하여 남들은 길어야 2,3년 짧으면 1년에도 서둘러 장학직이나 관리직으로 떠나갔지만, 주변머리 없는 나는 자그마치 6년을 죽치고 있었다. 나는 율곡과 관련하여 저술을 뒤지고 현장을 답사하고 문화행사를 참관했고, 종종 '율곡의 생애와 사상' 또는 '율곡과 사임당' 같은 주제로 강연이나 방송 인터뷰에 나서기도 했다. 한번은 강릉에 가서 선생의 자취를 더듬던 길에 오죽헌에 부탁하여 오죽烏竹 한 무더기를 얻어다 연수원 뜰에 심은 적도 있다.

연수원에 머무는 동안 책도 많이 읽었다. 평소엔 늘 비어 있다시피 한 연수원 도서관을 시도 때도 없이 불쑥불쑥 들르는 이 책벌레를, 사서는 언제나 반갑게 맞이하며 따끈한 차를 대접했고 서책에 관한 정보를 제공하였다. 독서뿐 아니라 부임 이듬해부터는 거의 해마다 크고 작은 책 한 권씩을 내는 왕성한 집필 활동을 했다. 『소

166

태산 박중빈의 문학세계』『용사상과 한국고전문학』 등도 여기서 상재되었거니와 그 밖에도 잊지 못할 것은 '2남 2녀 시리즈'의 시작이다. 연수원에 마침 국어교사 출신 2남 2녀가 있었는데 이들을 묶어 합동으로 책을 내자고 꼬드겨서 결실을 본 것이다. 처음 책을 낸 때가 1993년인데 주로 수필이나 교육에 관한 수상隨想을 모아『자운산에서 만난 2남2녀』(배영사)라고 이름 붙였다. 이 작업은 그 후에도 계속되어『율곡의 손바닥에서 노는 2남2녀』(엘맨),『돌아온 2남2녀』(깊은샘) 등이 나왔다.

학교 도서관, 그 내공의 기억 2

2005년 10월 15일, 내 생애에 감히 꿈도 꾸지 못한 일이 일어났다. 대한항공 전세기가 북한 순안 공항에서 날개를 접으며 "저희 비행기가 방금 평양에 도착했습니다."라는 기내방송이 들려왔을 때, 나는 갑자기 울음이라도 터질 듯이 격렬한 감동에 휩싸였다. 그러나 기대와는 달리 그것은 우리가 보는 북한(평양)이 아니라 그들이 보여주는 북한(평양)이었다. 양각도 호텔, 만수대 창작사, 만경대와 수령 생가, 만경대 학생소년궁전, 주체사상탑, 단군릉, 5.1경기장과 아리랑 공연…. 그나마 모처럼 얻은 평양 여행 기회에 내가 얻은 소득 중에서 작지만 기억하고 싶은 것이 두 가지 있다.

하나는 주체사상탑에서 본 노동당 마크였다. 옛소련의 국기나 중국 공산당기에는 망치와 낫이 교차된 마크가 있고 각각 상징하는 바가 노동자와 농민이란 것쯤은 알고 있었지만, 북한 노동당 마크는 좀 달랐다. 전에도 본 적이 있지만 무심하게 지나쳤는데 주체탑에서 자세히 살펴보니, 망치와 낫이 좌우로 교차된 가운데에 수직으로 우뚝 서 있는 또 하나의 물체는 다름 아닌 붓이었다. 안내원은 그것이 지식인을 상징한다고 했다. 1966년부터 10년간 중국의 마오쩌둥이 홍위병을 앞세워 전통문화를 파괴하고 지식인을 유린한 야만적 난동, 이른바 문화대혁명이란 것을 아직도 못 잊는 나로서는 북한 노동당이 지식인의 가치를 노동자 농민과 같은 반열에 세웠다는 사실이 뜻밖이었다. 더구나 붓을 중앙에 둠으로써 노동자 농민보다 우대한 듯한 느낌마저 들어 신기했다. 하기야 중국 오성홍기에 나오는 작은 별 중 하나는 지식계급의 몫이라는 데도 홍위병의 분서갱유식 반달리즘이 먹혀들긴 했지만, 북한 노동당이 먹물의 가치를 그리 대단하게 인정해주는 것만 황송해서 나는 감격했다.

이름 좋은 하눌타리

또 하나는 북한의 도서 출판에 대한 것이니, 대동강 가운데 있는 양각도 호텔에서 하룻밤 묵는 동안 나는 아쉬운 대로 북한의 도서와 출판문화의 비늘조각이나마 엿볼 수 있었다.

호텔 로비에 서점이 있었는데 관광 안내 책자나 체제 선전물 외에도 다양한 서적이 보였다. 그러나 외국에서 찍어온 관광 화보 등을 제외하고 나면 태반의 도서가 지질이나 제본 또는 편집 기술과 인쇄 상태 등이 너무 열악했다. 통일연수원의 진열장에서 보았던 북한 도서 견본이 과장이나 왜곡이 아닐뿐더러 과거사가 아닌 현재진행형인 것을 확인하면서 나는 마음이 쓰렸다. 그런 조악한 인쇄물조차 귀해서 학생들은 몇 해씩 후배에게 교과서를 물려주고 종이가 나달거리도록 사용한다니 말이 되나? 그런데 생각해보니 70년대까지만 해도 남쪽 역시 학년 초에 교과서를 새로 받으면 묵은 달력이나 비닐 커버로 싸서 한 해를 낙서 없이 쓰고 학년 말에 후배에게 물려주는 일이 권장되지 않았던가. 그러니 교과서 갖추기도 힘들던 판에 무슨 다른 책을 사볼 여유가 있었겠으며 학교도서관(실) 설치란 게 얼마나 사치스런 발상이었겠는가.

6.25전쟁으로 표상되는 최악의 세월에 초·중·고 학창 시절을 보낸 우리에게 있어 학교도서관이란 애초부터 이름조차 낯설기 짝이 없었다. 중학 교과서에 실린 시구 가운데 '도서관의 뜰'이던가 하는 말이 은유로 나왔는데 도무지 그 원관념이 잡히질 않아 난감하던 기억이 있다. 선생님은, 도서관은 책을 읽는 곳이어서 책장 넘기는 소리밖에 안 들리는 조용한 곳이라는 설명으로 그 시적 의미를 '정숙' 또는 '고요'로 풀어 얼버무렸다. 그 정도로 우리 세대에게 있어 도서관은 실체가 없는 관념일 뿐이었다.

세월이 흘러 나는 국어교사가 되었고, 비록 '이름 좋은 하눌타리' 일망정 학교마다 도서실(관)이 생기자 그 담당은 대개 국어교사 몫이었다. 나는 교직 출발 10년에 자의반 타의반 6개교를 전전하는 희한한 신세였는데, 선배교사들은 대부분 도서관 담당을 기피하였다. 그때마다 초짜 교사인 내가 그 일을 기꺼이 맡았다. 사서교사 제도가 없던 시절이라 나는 도서관 담당자 강습도 받으러 다니며 의욕적으로 임했다. 그러나 여기엔 난관이 적지 않았으니, 우선 장

171

서라는 것이 부실하기 짝이 없었다. 절대량이 적은데다 그나마 태반이 낡아빠진 도서였다. 마땅히 폐기처분해야 할 책인데도 버릴 수가 없었다. 재물검사를 받을 때 대장에 오른 도서가 확보돼 있지 않으면 문책을 당하는 것이 당시의 규정이었다. 연간 도서구입비는 미미했고, 게다가 원치 않는 도서 구입으로 예산을 탕진할 수밖에 없었다. 대표적인 것이 관에서 내려보내는 반공, 안보, 애국을 파는 서적이요, 언론 기관에서 강매하는 신문 잡지와 연감이나 화보였다. 한 학교에서는 학교장의 지시로 어느 지인이 가져온 영문판 백과사전 한 질을 사느라 도서구입 예산 잔액을 톡톡 털었던 한심한 일도 있었다.

모 고등학교에 있을 때, 제법 장서도 갖추어져 있고 공간도 꽤 되는 도서관을 맡은 적이 있었다. 맘먹고 도서관 운영에 열성적으로 매달렸다. 그때 했던 일 가운데 기억에 새로운 것이 세 가지 있다. 하나는, 규격별 도서(국판, 사륙판 등)와 호수별號數別 활자(5호, 9포 등)와 연판, 지형 등을 수집하여 열람실 진열장에 전시를 하고 도서 출판에 대한 관심을 유도한 일이다. 둘은, 소장 가치는 없을지라도 값이 싼 문고판을 다량으로 사들여 실질적으로 학생 독서에 도움을 주고자 하였다. 셋은, 비록 폐가식일망정 도서 대출을 간편하게 하여 독서 붐을 일으키고자 애썼다. 대체로 성공적이었고, 당시 유행하던 고전읽기 시합(자유교양경시대회)에서 우리 학교가 우승기를 차지하는 기염(?)을 토하기도 했지만, 분실 도서가 상당량 발생하는 바람에 결국 변상조처를 당하는 쓸쓸한 뒷맛을 남기고 말았다.

172

먼 길을 터벅터벅 걸어서

학교도서관 담당교사로서의 경험이라면 그래도 모교인 평택고등학교에서 보낸 몇 해가 가장 잊지 못할 추억거리이다. 종합고등학교를 해체하고 보통과만 독립해서 일반계 고등학교로 분가를 한 셈인데, 나누어 가지고 온 장서도 별로 많지 않았고 폐가식 운영에 열람 공간도 좁았지만, 그런 대로 실속은 있었다. 나는 독서운동을 한다는 사명감으로 도서실 운영을 도모했는데, 나의 독서운동 방식은 좀 특이했던 것 같다. 굳이 이름 붙인다면 다면적 접근법이라고나 할까.

나는 우수한 학생들을 도서반원으로 선발하여 훈련하고, 그들로 하여금 엘리트 인재로서 자부심을 갖도록 했다. 이들을 정예분자로 전면에 포진한 뒤 도서 대출을 활성화하는 한편, 명문 낭송회와 시화전시회, 문집 발간 등 이벤트를 만들어 독서운동의 지원 세력으로 활용했다. 시화전시회를 해도 교내에서 패널 몇 개 걸어놓고 마는 것이 아니었다. 미술반과 합작으로 몇 주일씩 작업을 하여 격조 있는 작품을 만들고, 문화원 전시장을 빌려 실내 장식에 배경음악까지 틀어놓고 시내 고등학교에 두루 홍보하여 학생들을 끌어들였다. 2,3일씩 행사를 했는데 특히 여학생들이 많이 몰려 성황을 이루었고, 지역사회 유지들은 금일봉을 전하고 격려하였다.

때는 유신시절, 찍소리 안 하고 공부만 해야 할 학생들을 동원하여 정서적으로 들쑤셔서 자극했으니 교장, 교감 같은 관리자들에겐

173

못마땅한 짓거리였을 터이다. 점차 갈등이 심화되었지만 교장, 교감 두 분이 다 국어교사 출신이어서 그분들도 내가 하는 일을 막을 명분이 부족했고 본교 출신 교사를 함부로 다루기도 부담스러웠을 것이다.

평택고등학교에는 〈소사벌〉이라는 이름의 교지가 있는데 몇 해째 내지를 못하고 있었다. 나는 간이 문집까지 내면서 교지 속간을 압박하여 마침내 예산을 확보하는 데 성공하였다. 이 무렵, 학교장과의 갈등은 봉합할 수 없을 만큼 악화되어 이듬해 전근하기로 합의한 상태였다. 그러나 나는 도서반 학생들을 중심으로 모범적 교지를 내는 데 진력하였다. 흔히 하듯, 높은 분들 인사치레 문장으로 도배를 하고 어설픈 학생 작문만 잔뜩 모아 싣는 방식은 지양했다. 교사와 학생들의 논문과 좌담·토론을 싣고, 교사校史를 정리하고, 학생들이 발로 뛰며 지역사회의 역사와 문화를 조명하는 등 내용도 알찼지만, 표지 디자인이며 지질(미색 모조)이며 인쇄(사진식자)며 당시로선 제법 높은 수준이었다. 〈학생중앙〉을 내던 중앙일보사에서 그해 처음으로 전국 고등학교 교지 경연대회라는 행사를 주최하기에 응모했다. 결과는 대상이었다. 심사 결과 발표 때 나는 이미 평택을 떠나 있었지만, 열악한 환경에서 내가 거둔 작은 성취에 큰 보람을 느꼈다.

책을 읽는다는 것과 책을 만든다는 것, 글을 읽는다는 것과 글을 쓴다는 것은 들숨과 날숨, 곧 호흡과 같다고 본다. 독서와 논술을 입력과 출력의 관계로 설명하는 사람도 있지만, 독서의 완성은 창의적 출력으로 이루어진다고 본다. 훗날 내가 학교장으로서 학교 도서관 운영에 재량권을 행사할 수 있었을 때 이런 인식이 소중한 자산으로 작용했다.

도서실 간판은 장식용

2003년 여름, 중국 여행 때 일이다. 고구려의 수도였던 국내성이 있고, 그래서 지금도 1만 5000개의 돌무덤이 깔려 있는 지안集安을 찾았다. 장군총과 광개토대왕비를 보고, 환도산성과 압록강 코스를 마치자 안내인이 예정에도 없던 조선족 학교 방문을 권했다. 우리로 말하면 중·고 병설의 기숙학교인데 낡고 초라하기가 우리 50년대 시골 초등학교를 연상시켰다. 굳이 도서실을 보고 싶다 했더니 마지못해 보여주는데 단지 서고일 뿐이라 치더라도 몰골이 참 볼썽사나웠다. 차마 내색은 못 했지만, 꼬질꼬질한 서가에 꽂힌 책들의 초췌한 면면이 눈물겨웠다. 예산이 없어 한 해에 단 한 권도 새 책을 들여놓지 못한 지가 여러 해라고 했다. 이젠 도서실 책을 빌려가는 학생이 거의 없다고도 했다. 우리 같으면 모조리 쓰레기로 소각처리 할 책들을 그래도 신주단지처럼 모셔놓고 있는 뜻이 갸륵하다고 해야 할런가. 같은 공립학교이건만 한족 학교에 비하여 선생님들 봉급도 적다고 하니 더 할 말이 없었다.

내가 느닷없이 중국 조선족 학교 도서실 풍경을 들고 나오는 이유는 다른 데 있지 않다. 북한은 물론 중국 조선족에 비하면 지금의 우리는 얼마나 부유하며, 학교도서실을 설치 운영하기에 얼마나 좋은 조건인가 반성해야 하지 않을까 해서이다.

도서관에 대한 관심이 크다 보니 어느 학교를 가나 도서관(실)을 엿보는 버릇이 생겼지만, 내 눈에 잡힌 우리나라 학교도서관의 실상은 대개가 실망스러웠다. 몇 가지 일화를 소개한다.

P시에 있는 고등학교에 갔을 때였다. 40학급 이상 되는 큰 학교에 시설도 잘 돼 있었다. 학교안내도를 보고 도서실이라는 곳을 찾아갔다. 놀랍게도 그곳은 이젤, 캔버스 등 화구와 빗자루, 걸레 등 청소 도구들이 난잡하게 흩어져 있는 창고에 불과했다. 팻말을 거듭 확인하고 너무나 의아하여 담당 직원에게 어떻게 된 일이냐고 물어보았다. 대답은 이러했다. 장서도 별로 없는 데다 학급이 늘어나는 바람에 여유 공간이 없어 그냥 팻말만 붙여 놓았을 뿐이란다. 도서실 담당은 있지만 하는 일은 교과서를 주문받아 공급하는 것이 다라고 했다.

서해 낙도에 있는 병설 Y중고등학교를 방문했을 때이다. 학교장은 다른 시설이야 보잘것없지만 도서실만은 내세울 만하다고 자랑했다. 안내받아 가보니 학교 규모에 비해 장서량이 제법이고 관리도 깔끔했다. 열람실은 따로 없고 대출 위주라고 했다. 나는 문화 혜택으로부터 소외된 섬마을 학생들이 책이나마 맘 놓고 읽을 수 있다니 다행이라고 생각했다. 그런데 도서실 문을 나서면서 보니 출입문에 다음과 같은 안내문이 붙어 있었다. '도서 대출은 매주 금요일 6,7교시.' 나는 어이가 없었다. 금요일에 빌려다가 주말에 읽

176

으라는 깊은 뜻(?)이 있는 것 같은데, 그러면 학교도서실이란 것이 2시간을 제외하고는 일주일 내내 책 보관창고에 불과하단 말인가.

추억에 갈무리된 학교도서관

소도시에 있는 A여자고등학교는 60년 가까운 역사를 자랑하고 있었다. 도서관을 이용한 학습을 한다는 시범학교였다. 도서관은 공간도 넓고 장서는 4000권 가까이 된다고 했다. 그러나 도서관에 발을 들여놓는 순간, 침침한 형광등 밑에 칙칙한 콘크리트 벽과 바닥, 골동품상에나 보낼법한 묵은 서가가 연출하는 분위기는 음산한 기분마저 들게 했다. '시범'을 위해 마련한 울긋불긋한 인테리어와 번쩍번쩍한 디지털 장비가 오히려 이방인처럼 부조화를 연출할 뿐이었다. 게다가 장서들을 둘러보곤 숫제 질려버렸다. 언제 적 도서인지 누렇게 바래다 못해 거무튀튀하게 때가 낀 것부터 글씨가 깨알같이 잘게 박히고 예전 철자법으로 찍은 책, 애장판인지 소장본인지 금박까지 한 호화양장본 전집류들, 군사 정권 때 나온 반공 안보서적에 정부 홍보물 등등. 이런 책들을 무슨 귀중본 고서라도 되는 양 모셔놓고 장서량을 논하다니 기가 막힐 뿐이었다.

신도시 일반계 J고등학교에 갔을 때, 학교장은 도서실이 잘 갖춰져 있다고 자신만만하게 말했다. 도서실이란 데를 가보니 1인용 칸막이에 개별 조명이 설치된 책상 1백 수십 개가 있었다. 의자는 회전이 되고 등받이가 탄력 있게 받쳐주고 좌판도 쿠션이 붙어 있어서 몇 시간을 앉아 있어도 피곤한 줄 모른다고도 했고, 얼마나 고가 인지도 자랑삼아 말했다. 그런데, 서가는 어디에 있죠? 장서는 얼마 나 되죠? 그는 서가나 장서는 따로 없다고 했다. 학생들이 각자 자 기 참고서를 가져와 보니까 따로 책이 필요 없다고도 했다. 그래도 학생들이 보고 싶은 책을 다 살 수 없으니 교양도서라도 빌려볼 수 있어야 하지 않아요? 입시 공부에 눈코 뜰 새 없는데 다른 책을 언 제 보겠느냐, 갖춰놓아 봤자 아무도 빌려볼 사람이 없다고 했다. 이 것은 도서실도 열람실도 아니다. 그냥 수험준비생이나 취업준비자 들의 공부방인 독서실의 충실한 재현일 뿐이다.

교육 CEO들의 도서관 의식은 대체로 수준 미달이지만, 그들의 잘못만도 아니다. 그들 태반이 학창의 추억은 물론 교단의 이력을 다 들춰도 도서관 있는 풍경을 상상할 수 없기 때문이다. 그래도 도 서관에 관한 나쁜 기억 가운데 백미는 학교가 아니라 교원연수원 에서 목격한 일이었다. 연수원 도서관에 새로 온 사서를 앉혀놓고 담당자가 훈시를 하는데 그 요지는 이랬다. "책은 빌려주었다 하면 어쨌건 분실되거나 훼손되게 마련이다. 그렇게 되면 나중에 책임 문제도 따르고 골치 아프니까 어떤 핑계를 대든지 처음부터 관외 대출을 안 하는 쪽으로 하라." 훗날 내가 학교도서관에 온 힘을 쏟 을 때 이런 경험과 기억들이 적어도 반면교사로서, 이른바 '음陰의 전이轉移'가 십이분 반영되었다.

미래를 여는 독서교육 1

화수고등학교 도서관이 알려지면서 학교장인 나와 도서관 팀장인 독서교육부 K부장은 경기도는 물론 전국으로 불려 다녔다. 그 중엔 단위학교 교직원이나 학부모 모임도 있고, 지역교육청이나 시·도 교육청의 학교장 및 도서관담당자 모임도 있고, 각종 연수과정의 강의도 있었다. 특히 한국지역사회교육협의회(회장 주성민)의 주선으로 마치 순회공연이라도 하듯이 돌아다녔다. 2002년 11월, 광주광역시교육청에서 있었던 행사는 기억에 오래 남는다. 독서광으로 알려진 교육감은 전국에서 가장 먼저 학교도서관에 집중 투자를 한 사람이다. 각급 학교에 모두 사서를 배치하고 전산화 시설을 하는 등 학교도서관이라면 전국에서 가장 선진화한 교육청으로 자부심이 큰 곳이 바로 광주광역시교육청인데, 시내 초·중·고 250개교의 학교장과 학교운영위원장이 모두 모인 자리에 나를 불러 도서관 사례발표를 하게 했다. 시간에 쫓겨 강의를 마치려니까 더 해달라고 소리칠 정도로 청중들의 수강 태도는 진지했고, 강연이 끝나자 상당수 학교장들이 휴게실로 몰려와 질의를 할 만큼 적극적이었다.

강연은 물론 신문이나 방송 인터뷰도 하고 글로 써서 발표하기도 했지만, 근래까지 이런 일을 거듭하다 보니, 나름으로는 생각을 가다듬고 새 자료를 찾으면서 수정하고 보완하는 일을 게을리할 수 없었다. 내가 발표한 내용은 주로 도서관 중심의 독서교육이란 이론적 부분과 학교도서관의 성공적 운영사례로 나뉘는데 운영사례는 이미 앞에서 충분히 기술하였다. 그러나 이론 부분은 단편적인 서술에 그쳤으므로 아쉬움이 남는다. 그래서 정보시대를 의식하고 미래를 준비하는 입장에서 독서교육과 도서관에 관한 생각을 두루 뭉술하게나마 정리하여 적어 보고자 한다.

전통적 관념으로서의 책과 독서

책이란 무엇인가? 인류의 지적 활동의 총합이다. 거기엔 시간적인 인류사, 공간적인 세계사를 통하여 연구하고 탐색하고 수집해온 온갖 경험과 문화가 지식과 정보의 이름으로 탑재되어 있다. 아직까지 인류는 지식과 정보의 보물 창고로서 책 이상 가는 효과적인 방법을 개발하거나 발견하지 못하였다. 그것은 책이 언어를 매개로 하여 이룩한 최상의 성취이자 도구이기 때문이다. 언어 이상의 커뮤니케이션 방법이 없다면 인류 문화를 기록하는 방법으로도 책 이상 가는 것이 나올 가능성은 아직 없어 보인다.

여기서 잠깐 고전적인 책과 독서에 관하여 검토할 시간을 가져보기로 하자. 공자가 주역을 삼천 번 읽느라고 가죽 끈이 세 번 끊어

졌다는 위편삼절의 고사나, 서포 김만중의 모친 윤씨가 자식들에게
책 사줄 돈이 없어 남의 책을 빌려다가 베껴서 읽혔다는 일화에서
보듯이 책은 그 자체만으로도 참으로 귀한 것, 비싼 것이었다. 게다
가 문해literacy 능력이 있는 소수 지식층만이 누리는 특권적 전유물
이기도 했다. 때문에 '선비士란 책 읽는 이讀書者'라고 할 만큼 책과
독서는 신분을 담보하는 표지로서의 기능을 했다. 그러면 옛사람
들은 왜 책을 읽었는가? 첫째, 도덕주의적 독서를 말하지 않을 수
없다. 서양에서 구텐베르크가 성경을 찍기 위하여 활자를 발명했
듯이 동양에서도 책이라면 불경이나 사서삼경 등 경서가 대종이었
다. 한글창제 후 조선조에서 국책사업으로 펼친 출판의 대부분이
경서나 불경의 언해 작업이었음은 잘 알려진 사실이다. 즉 성현의
말씀을 읽어 인격 향상을 꾀함으로써 책의 성가를 높이고 독서의
위상을 확고히 했던 것이다. 논어의 서두를 장식한 "배우고 때로
익히면 또한 기쁘지 아니한가學而時習之不亦說乎"에서 그 기쁨을 준
책은 결코 오락서나 실용서가 아니었다. 퇴계 선생이 피서를 권하
는 친구에게 "읽으면 읽을수록 정신이 상쾌해지며 마음에 기쁨이
솟아오르는데 이것보다 나은 피서가 어디 있겠는가"라고 했을 때
그가 읽은 책도 주자전서였다.

둘째, 실리주의적 독서가 있다. 중국이나 우리나라나 과거제도
가 인재의 등용문이었고, 과거에 급제하려면 반복적인 독서가 기본
이었다. 다시 말하면 인격 도야라는 고원한 목표보다는 당장의 신
분상승과 출세의 지름길로서 독서가 실리적 선택이었다. 이른바

권학문勸學文이란 제목의 문장들을 보면 그 실리주의적 독서가 얼마나 노골화되었는가를 확인할 수 있다.

부자 되려고 좋은 농토 살 필요 없느니.
책 속에서 수천 가마니 곡식이 절로 나온다네.
편안히 살려는데 좋은 집 못 가졌다 안달 말게.
책 속에서 호화로운 저택이 절로 나온다네.
외출할 때 시중드는 사람 없다고 한탄 말게.
책 속에 수레와 마부들 줄서서 대기하고 있지 않나.
좋은 아내 못 얻어 걱정할 것 없느니.
책 속에 옥같이 예쁜 여자가 기다리고 있다네.
사내가 되어 평생 포부 이루고자 한다면
창 앞에 앉아 경서나 부지런히 읽게나. (진종황제 권학문 의역)

왕안석王安石(1021-86) 같은 학자조차 "독서에 돈 든다고 아까워하지 말라, 독서는 만 배나 이利 남는 장사야"(권학문) 하는 식으로 실리적 투자 개념에서 독서를 바라보고 있다.

셋째, 오락적 독서 또는 심미적 독서도 외면할 수 없다.

문학서적을 읽는 것은 오락 아니면 심미적 감상을 위해서라고 할 수 있다. 예컨대 중국의 사대 기서라는 삼국지, 수호지, 서유기, 금병매라든가 우리나라의 춘향전, 심청전, 흥부전, 토끼전 같은 옛소설이 교훈적 의미에서 실리적 계산이 없지는 않지만 더 많이는 심미적 감동을 추구함이요, 또 더 많이는 오락적 소일거리로서 애독되었음을 부정할 수 없다. 경서나 장옥문학場屋文學 부류가 아니라면 태반의 잡서가 이 분류에 해당할 것이요, 그것은 보다 대중적인 요구에 부응하는 독서 영역이라고 하겠다.

전통적 독서에 대한 도전

인격 완성을 목표로 하는 도덕주의적 독서는 그 근엄성이 '교양'이란 이름으로 조금 누그러지긴 했지만 현대에도 엄연히 존재하는 것이요, 과거 시험을 통해 신분상승을 노리던 실리적 독서 역시 대입이나 고시, 취업 등으로 양식은 달라졌을망정 강화되고 있고, 심미적 독서나 오락을 위한 독서는 과거에 비해 더욱 비중이 커졌다고 하겠으니, 독서의 이유랄까 목적이랄까 하는 것은 기본적으로 예나 이제나 동일하다고 보아 무리가 없을 듯하다.

그러나 영상시대, 정보시대로서 21세기를 살아가면서 책의 가치나 독서의 효용에 대한 시대적 도전을 의식하는 사람이라면 전통적 독서관에 대한 점증하는 회의를 외면할 수 없다. 특히 청소년에게 있어서 현대는 독서의 개념이나 가치관이 엄청나게 달라질 수밖에 없는 환경을 가지고 있다.

첫째는 영화, 비디오, 텔레비전 등 영상매체가 책 또는 독서에 도전을 하고 있다.

이를테면 톨스토이의 대작 〈전쟁과 평화〉라든가 호손의 〈주홍글자〉 같은 작품을 며칠, 몇 주를 두고 낑낑거리며 읽는 노력을 기울이기보다는 영화관에서 또는 비디오테이프를 빌려다가 하룻저녁에 독파(?)해 버린다. 텔레비전은 가볍고 흥미로운 영상으로서 학생들의 휴일과 여가 시간을 여지 없이 약탈한다. '바보상자'라고 비웃어 보았자 청소년들의 텔레비전 중독증을 치유하고 그들의 관심과 시간을 책으로 돌려놓을 방법은 없어 보인다. 사실 영상매체들은 그들 나름의 강점과 매력이 있고, 저렴한 비용과 수고로 간편하게 누릴 수 있는 시대가 되었다. 글로는 책 한 권을 써도 정확히 전달할 수 없는 내용을 고도로 발달한 촬영기법에 의해 한 순간에 이해시킬 수 있고, 세계 여러 나라에서 만들어진 귀중한 영상자료들이 채널마다 넘쳐난다. 교육용 테이프들도 대단히 많다. 인체의 신비나 야생동식물의 생태나 지하, 수중, 공중과 우주의 비밀스런 정보를 놀라운 솜씨로 촬영하고 우리 입맛에 맞는 해설을 곁들여 안방까지 배달하는데 감히 인쇄매체가 이를 흉내조차 낼 수 없을 정도이다.

둘째는 인터넷을 비롯한 디지털 문화의 도전이다.

1960년대 중반에 세계에서 사용되는 컴퓨터 총수는 200여 대에 불과했고, 한국은 1970년에 와서 겨우 2-3대를 보유하였다. 1982년에 아이비엠 회사가 도스를 운영체계로 하는 8비트 컴퓨터(PC)를 만든 이래 개인용 컴퓨터 시대가 열렸고, 1990년대가 되면서 갑자기 인터넷 시대로 진입했다. 이렇게까지 컴퓨터가 대중화되리라고는 어느 누구도 예측하지 못했다. 1970년에 한국의 미래학회가

2000년 한국의 컴퓨터 보유 수를 200대로 예측한 것이 웃음거리가 되었거니와, 오늘날 한국이 IT 강국으로 부상하리라고 누가 상상이나 했겠는가.

이미 인터넷으로 유통되는 정보의 양은 전 세계 도서관에서 보관 중인 도서에 담겨 있는 정보의 양보다 훨씬 많다고 한다. 그러므로 인터넷은 세계에서 가장 큰 도서관이다. 더구나 이들 정보는 언제나 접근이 용이하고 원본과 똑같이 복사함은 물론 가공하고 저장하고 유통하는 데 어려움이 없으니 도무지 인쇄매체가 경쟁할 여지가 있겠는가.

디지털의 횡포는 여기에 그치지 않는다. 이른바 전자책이라는, 해상도 높은 화면을 통하여 음향과 동영상까지 동반한 책읽기 콘텐츠가 보급되고 있다. 뿐만 아니라 정보통신기술의 발달은 휴대전화를 통하여 음악을 듣고 텔레비전이나 영화를 보고, 마침내 전자책까지 일상으로 접할 수 있게 만들었다. 이런 환경에서 청소년들에게 종이책이 어떤 매력을 가지는가? 종이책을 읽으라고 강요할 만한 이유나 필요가 있을까?

독서의 효용과 가치

영화나 텔레비전, 비디오 등 영상매체의 보급과, 정보통신기술의 발달에 근거한 인터넷과 휴대전화 등 디지털 문화가 앞서 말한 독서의 효용 중 상당 부분을 잠식하고 있음은 부인할 수 없다. 특히 엔터테인먼트로서의 기능에서는 어쩌면 책의 완패라고 해도 좋을 듯하다. 요즘 세상에 재미있는 놀이가 얼마나 많은데, 변화에 가장 민감한 청소년기 그들이 겨우 책에서 재미를 찾겠는가. 그렇다면 영상매체나 디지털 문화가 독서의 대안이 될 수 있을까? 책에서 얻을 수 있는 것을 대신 주고, 책이 할 수 있는 구실을 대신할 수 있을까? 이쯤에서 우리는 책이라는 것, 독서의 효용과 가치를 꼼꼼히 따져볼 필요를 느낀다.

이미 전문가들의 많은 논증이 있었지만, 나는 다시 다음과 같이 정리하고자 한다.

첫째, 사고력을 키워 준다. 언어는 곧 논리요, 이는 두뇌의 끊임없는 활동을 요구한다. 읽는 행위는 기본적으로 해석과 사유를 수반하며 그 과정은 독자의 적극적이고 능동적인 참여를 불가피하게 한다. 다시 말하면 영상매체나 디지털 매체가 이용자에게 물량적 속공을 가하여 일방적으로 접수를 강요함에 비해 책은 우리로 하여금 멈추어서 해석하고 평가하고 추리하고 상상하고 판단하며 고민하게 한다. 이 과정에서 독자는 언어적 주체로서 어휘력은 물론 각종 고등정신기능을 양성할 수 있다.

둘째, 상상력을 키워준다. 영상매체들은 이미 상상력이 구현된 결과물의 성격이 짙다. 시청각 등 감각적 기능을 총동원해 즉각적으로 수용하면 그것으로 끝나는 것이지 이의를 달거나 능동적으로 참여할 여지가 없다. 능동적 참여의 여지가 없다는 말은 사유의 시

186

간을 빼앗기는 것이기도 하지만, 상상이라는 창조적 공간을 송두리째 압수당하는 것이다. 모든 계열에 다 해당하지만, 특히 문학적 심미적 대상의 경우 더욱 그러하다. 이를테면 춘향전을 영화로 보는 것과 소설로 읽는 것을 비교해보자. 영화를 통하여 우리는 춘향을 비롯한 등장인물들의 생김새나 목소리 또는 사회 풍속과 자연 풍광까지 모두 완제품으로 수용한다. 그러나 소설의 경우 우리는 작가의 묘사와 설명에 근거하여 마음껏 상상의 날개를 펼칠 수 있다. 이 상상의 힘이야말로 독자를 환상의 세계로까지 이끌어 황홀한 즐거움을 선사하고, 또한 창조의 무한 에너지로 승화하도록 돕는다.

셋째, 인간의 품성을 도야한다. 고리타분한 얘기처럼 들릴지 모르나 '책읽기'와 '사람 되기'는 밀접한 관계가 있다. 동서양을 막론하고 교양을 위해서나 인격을 기르는 데는 독서만한 것이 없음이 증명되고 있다. 그것은 앞에서 말한 바와 같이 내면적 성찰이 수반되는 책읽기와 인과 관계가 있을 것이다. 밖으로부터 반입된 음식을 침으로 섞어 고루 씹고 위와 장을 거치는 동안 물리적 운동과 화학적 분해로 소화하고 흡수하여 자기의 피와 살로 만드는 소화 과정은 독서를 통하여 참 지식을 만들고 인격으로까지 승화시키는 '느리고 서두르지 않는' 과정과 비교된다. 신속성을 생명으로 하는 디지털 정보의 검색이나 가공으로서는 도저히 기대할 수 없는 것이다.

넷째, 인재를 키우는 길이다. 능률만을 강조하고 정보시대의 속전속결주의를 선호하다 보니, 이 시대가 지식기반사회라는 사실을 무시하는 경향이 없지 않다. 우리가 원하는 것은 단지 컴퓨터 기능인이 아니라 콘텐츠를 개발할 창조적인 인재이다. 21세기에는 컴퓨터 인재의 수요가 폭발적일 것이라며 기능인들을 대량으로 양성했지만 벌써 그들은 실직자 신세가 되었다. 이런저런 기능사 자격증 소지자를 무더기로 배출했지만 그들은 진정한 의미에서 이 시대를 이끌 창의력 있는 인재가 못 되기 때문이다. 2002년에 한국교육개발원이, 고등학교 1,2학년 중에서 성적이 상위 10퍼센트 안팎에 드는 학생을 대상으로 조사한 보고서가 있다. 여기서 공부 잘하는 학생들의 특징으로 뽑은 5가지를 보면, 모두가 독서 습관과 밀접한 관계를 가지고 있음을 알 수 있다.

※ 공부 잘하는 학생들의 5가지 특징

1. 어려서부터 독서를 좋아했다.
2. 공부는 스스로 자기주도적으로 한다.
3. 학원보다는 도서관이나 집에서 혼자 조용히 공부하는 것을 좋아한다.
4. 공부하는 것이 매우 즐겁다.
5. 문학작품 읽기와 신문 읽기를 즐긴다.

미래를 여는 독서교육 2

2000년대에 들어서며 자주 입에 오르내리는 용어가 정보사회 또는 지식기반사회이다. 정보와 지식을 흡수하는 두 개의 빨대가 있으니 바로 인터넷과 도서이다. 인터넷은 디지털 빨대digital straw이고 도서는 아날로그 빨대analogue straw이다. 정보사회 또는 지식기반사회의 경쟁력은 창의력이 될 수밖에 없고, 그래서 현대를 창조시대라 말하기도 한다. 두 개의 빨대는 선택적인 것이 아니라 절충적이거나 상보적인 것이니만큼, 결국 아날로그적 문해 능력과 디지털적 해독 능력을 어떻게 적절히 활용하느냐가 시대의 화두이다. 그런 의미에서 우리 시대의 성격을 분명하게 짚고, 그 순기능은 살리되 역기능에는 충분히 대처해야 한다.

시대 읽기

정보사회는 정보의 폭발이니 홍수니 하는 말이 실감날 정도로 정보와 지식이 폭주하는 시대이다.

정보량이 두 배로 늘어나는 배증기를 살펴보면 1665년부터 1900년까지는 235년 걸렸고, 1900년부터는 1950까지 50년이 걸렸고, 다시 배증하는 데는 1960년까지 10년밖에는 걸리지 않았고, 1960년 이후로는 5년 주기로 빨라졌다. 여기에 2000년 이후로는 73일마다 배증한다는 주장도 있다. 실제로 1975년부터 1993년까지 18년 사이에 데이터베이스 수는 301종에서 8261종으로 27배 증가했고, 레코드 수는 5200만 종에서 55억 6400만 종으로 무려 107배가 증가했다는 통계가 있다(김용철, 「학교도서관의 멀티미디어에 관한 연구」, 1997). 그러나 간과해선 안 되는 또 다른 통계가 있다.

　1998년에 있었던 인터넷 사이트 가운데 44퍼센트가 1년 뒤에 사라졌으며, 2002년도 인터넷 사이트의 평균수명은 44일에 불과했다는 사실이다. 문헌정보학자들의 연구에 따르면, 한국의 디지털 자료는 매일 1500만 페이지씩 생산되지만 평균 수명은 고작 70일에 불과하다. 디지털 자료의 너무나 빠른 폐기와 망실을 막기 위하여 미국에서는 1996년에 이미 인터넷 아카이브 운동이 일어났고, 2003년에는 유네스코 32차 총회에서 '디지털 유산 보존을 위한 헌장'이 채택될 정도로 세계적 관심사가 되었다. 이는 디지털 문화가 가지고 있는 특성(신속성, 일회성, 단명성 등) 또는 취약성을 그대로 보여 주는 것이기도 하다. 즉 정보의 배증 기간이 짧아지는 것에 비례하여 정보 가치의 반감기 역시 짧아진다. 이렇게 정보의 생성과 소멸의 주기life cycle가 짧은 시대에 능동적으로 살아가기 위해서, 또는 수동적으로나마 살아남기 위해서 우리는 마치 팽이치기나 러

닝머신 타기처럼 숨 가쁘게 뛰어야 한다. 그렇지 않으면 영영 시대의 낙오자가 되는 것 아닌가 두렵기까지 하다.

창조시대로서 현대의 사회적 성격을 무한 경쟁사회라고 한다면 개인이나 국가나 결국 창의력으로 승부하는 시대가 되었다고 할 만하다. 여기서 아날로그와 디지털의 장단을 따져볼 필요가 있다.

디지털은 차가운 논리의 세계로서 가슴으로 생각하는 인문학적 감수성보다는 머리로 생각하는 논리적 이성의 세계라고 할 수 있다. 이에 반해 아날로그의 세계는 0과 1, 흑과 백 사이에 무한한 가능성이 존재하는 세계이다. 창의력이나 상상력은 무한 가능성이 존재하는 세계에서만 싹틀 수 있다. 나와 다름을 인정하고, 다름과 다름이 만나서 이루어지는 복잡하고 애매모호한 세계 속에서 전혀 예기치 못한 새로운 아이디어가 싹 틀 수 있다(원영만, 〈교육마당21〉, 2001. 10). 컴퓨터의 단순기능으로는 비생산적 소비자를 양산할 뿐 콘텐츠 개발 등 창의적 생산자가 나올 수 없다는 우려가 따른다. 데이터의 광범위한 수집과 빠른 분석은 정보력으로 이어지고, 아이디어는 콘텐츠를 생산하는 창의력으로 이어진다. 그런 의미에서 지식과 정보를 차별적으로 바라보는 의견도 나온다.

피터 버크는 『지식, 그 탄생과 유통에 대한 모든 지식』에서, 정보를 '날것', 지식은 '익힌 것'으로 비유한 바 있지만, 달리 비유하면 정보를 '겉절이, 패스트푸드'라고 한다면, 지식은 '김장김치, 슬로푸드'라고 할 만하다. 즉 디지털은 빠르고 투명하여 정보information에 어울리고, 아날로그는 느리고 애매하여 지식knowledge과 궁합이 잘 맞는다는 말이다. 지식은 본래 인간적 고뇌와 실천의 과정에서 숙성되고 창조되어 자신의 생각과 자신의 언어로 표출되는 것이다. 말하자면 인터넷은 정보를 신속히 양산하지만, 지식은 독서를 통해서 더욱 많이 창조되고 공유될 수 있다.

인터넷 시대의 독서 행위

교수가 과제를 내주면 대학생들이 책을 찾아 읽고 조사 연구하여 손수 과제물을 작성하는 게 아니라 인터넷으로 여기저기서 퍼다가 그럴듯하게 편집하여 리포트랍시고 제출한다고 탄식하던 것이 불과 몇 해 전 일이다. 그러나 지금은 아래로 초·중·고 학생부터 위로 석·박사 과정 대학원생까지 과제물을 만들기 위해 인터넷을 쓰지 않는 사람이 없을 만큼 보편화한 관행이다. 그리고 이것이 꼭 잘못되었다고 말하기도 어렵다.

그러나 책 읽고 고심하여 써내는 리포트가 시장에서 식재료를 사다가 주방에서 손수 칼질하고 지지고 볶아서 만든 요리로 상을 보는 것이라면, 인터넷으로 해내는 과제물은 슈퍼마켓에 가서 인스턴트식품을 비롯하여 이미 만들어 파는 가공식품들을 주섬주섬 모아다가 상을 차리는 것과 같다. 바쁜 세상에 꼭 손수 요리를 해 상을 차려야 직성이 풀리느냐고 한다면 그것도 일리가 있는 항변이다. 결국 여기서 절충이 이루어질 수밖에 없다. "바쁘면 때로 패스트푸드 세트를 주문하여 한 끼를 해결할 수도 있지만, 그것이 일상화되면 건강을 해친다. 그러니 될수록 슬로푸드를 이용하자"는 식의 타협 말이다.

지식기반사회를 살아가는 우리로서 정보의 폭발적 증가를 인정하고 대처해야 함은 피해갈 수 없는 길이다. 이런 시대를 살아가기 위해서 우리는 폭발적으로 늘어나는 정보를 처리하는 능력과 속도 감각을 갖추어야 한다. 정보를 탐색하고 활용하기 위하여 선택한 방식이 굳이 독서라고 한다면 너무나 구태의연하고 원시적인 듯 느껴질지 모른다. 그러나 최신 정보를 신속히 수집하려는 경우가 아니라, 오래 숙성된 음식처럼 충분한 과정을 거쳐서 생성되어 가치의 유통기간이 긴 지식을 구하려 한다면, 그것은 인터넷이 아니라 책에서 찾아야 한다.

분야에 따라 다르겠지만, 책은 그 저술 단계에서 자료 수집, 논리적 단련, 언어적 세련 등 고도의 사유와 비판을 거치고, 이어서 기획, 편집, 디자인, 마케팅 등의 출판 과정을 거치면서 여러 차례의 검증 절차를 통과한 후 독자의 손에 들어온다. 그렇기 때문에 가치 반감기가 짧은 '정보'는 걸러지고 적어도 수년간의 경쟁력이 보장되는 '지식'이 실리는 것이다. 물론 상대적이기는 하지만, 평균수명이 70일밖에 안 되는 디지털 자료의 경우 대부분 검증 절차가 생략되고 따라서 자료의 안정성이나 신뢰성이 많이 떨어질 수밖에 없다.

인쇄매체와 디지털 자원의 관계 설정은 디지털 선진국인 미국의 학교도서관 현장에서 답을 찾을 수 있지 않을까 싶다.

미국 학교도서관에서 인쇄매체와 디지털 자원의 비중은 어떻게 되는지 유심히 관찰했다. 우리보다 정보통신기술이 훨씬 앞서 있는 미국 학교도서관에서는 인쇄매체의 개발을 줄이면서 전자자원의 비중을 높이고 있지는 않은지 알아보기 위해서였다. 그런데 필자의 기대와는 달리 미국 학교도서관에서는 여전히 인쇄매체를 중심으로 자료개발을 하고 있었으며 그 자료들을 중심으로 다양한 서비스를 제공하고 있었다. 필자가 대화를 나누어 본 사서교사는 한결같이 인쇄매체의 중요성이 줄어들지 않는다고 했다. 뿐만 아니라 디지털매체가 일반화되어 다양한 정보통신 매체에 쉽게 노출되는 이 시점에 인쇄매체를 활용한 독서와 과제 해결 습관은 더욱 더 중요해진다는 것이다. 그것은 기본적으로 학생들의 정보 활용 능력이 정보를 습득하는 기술적인 능력과 정보에 대한 물리적 접근에 의해 개발되는 것이 아니라 정보를 평가, 분석, 비판, 종합, 재생산하는 지적(知的)이며 내면적인 활동에 의해 개발되기 때문이라는 것이다. 말하자면 진정한 정보 활용 능력의 개발은 인쇄매체를 기반으로 하는 다양한 자료 활용 능력에서부터 배양되고 개발된다는 것이다. (김종성, 「미국 학교도서관은 어떻게 운영되는가」, 경기도 교육청 장학자료 2003-Ⅱ)

독서교육과 학교도서관

독서교육은 가정에서 시작된다. 어려서부터 부모가 독서하는 습관을 길러주는 것이 그 출발점이다. 독서를 생활화한 가정에서 자란

194

아이는 절로 독서 습관이 몸에 배고 그와 함께 지적 성숙도 이루어지고 정서적 성장도 누릴 수 있으며, 아울러 인성교육과 학력향상도 자연스레 성취할 수 있다. 또한 독서교육은 수월성 추구를 위한 영재교육이나 평생교육 차원에서도 대단히 필수적이라고 본다. 그럼에도 우리 어머니들은 무리를 해가며 어린애들을 피아노, 미술, 체육, 컴퓨터, 외국어, 수학 등등 학원으로 뺑뺑이질을 치게 함으로써 아이들의 행복한 성장을 막고 전인적 성숙을 왜곡하고 있으니 참으로 안타까운 일이다.

여기서 짚고 넘어갈 일은 정보사회의 총아인 컴퓨터에 관한 과신 또는 오해로부터 벗어나는 것이 IT 강국인 우리 사회의 선결과제라는 점이다. 정보통신기술로서 디지털 기기, 인터넷, 사이버 문화 등의 흐름을 책이나 독서와는 대립되는 것으로 보고, 심지어 종이책은 수명이 다하고 독서는 시대에 뒤떨어진 방식으로 치부하는 경향이 없지 않다. 교육당국에서조차 '이 러닝e-learning'을 강조하고 있어 책으로 공부하는 시대는 조만간 끝장나는 것이 아닌가 부쩍 의심하게 한다.

그러나 현실적으로 볼 때, 청소년들에게 있어 컴퓨터의 용도는 게임과 채팅이 주종이고 정보 검색이라 해봤자 수행평가 등 제출용 과제물 해결을 위해 이용하는 것이 고작이다. 게다가 인터넷은 '정보의 바다'라 하지만 그 정보의 상당량은 무가치한 쓰레기나 유해한 독극물이다. 한국의 초등학교가 이른바 전자책을 앞 다투어 설치함에 반하여, 미국의 초등학교에서는 전자책을 오히려 외면하고 특히 저학년에게는 전자책 접근을 금기시하는데 그 배경과 이유에 주목할 일이다.

어쨌건 정보사회 또는 지식기반사회가 될수록 독서능력은 더욱 필요하며 따라서 독서교육은 강화되어야 한다. 다만 독서교육을 가정에 일임할 수도 없거니와 초·중·고 교과교육과정 안에서 다루는 것에도 한계가 있다. 고등학교 국어교과에 독서가 선택과목으로 있기는 하지만 대입제일주의 때문에 거의 외면되는 것이 현실이다. 결국 총괄적으로는 학교도서관이라는 시설과 제도로서 독서교육을 담보하는 것이 마땅하다.

요즘엔 일선 학교에서 학교도서관을 교수학습자료센터라든가 도서정보실이라든가 교육정보관 등으로 부르고 있는데, 여기서 보듯이 전통적 학교도서관의 기능과 역할이 많이 달라지고 있다. 다시 말하면 독서활동의 장에 그치지 않고 학습활동, 자료제공, 정보제공, 여가활동 등의 복합적 교육·문화 공간이 되고 있다. 그러나 독서활동의 장이란 본래의 기능이 여전히 대종을 이루며, 디지털 기기나 비도서 자료로 인해 그 본래의 기능이 평가절하되거나 위축되지도 않는다.

굳이 '정보'와 '지식'을 배타적 개념으로 구분할 필요까지는 없지만, 설사 그런 구분이 가능하다 할지라도 디지털의 '정보'와 종이책의 '지식'은 상보적인 것이지 양립 불가의 배타성을 가지는 것은 아니다. 그런 의미에서 앞으로의 독서교육은 정보통신 기술을 십분 활용하는 지혜가 필요하다. 전문 학자가 아니라면 서가에 종이책사전을 다 갖추어 놓고 일일이 찾는 번거로움을 고집하기보다는 국어사전, 영어사전, 옥편에 백과사전까지도 인터넷의 도움을 받는 것이 한결 현명하다고 하겠다.

싫으나 좋으나 앞으로는 전자도서관digital library을 이용하거나 전자책 및 온라인 북을 접촉하는 방식도 독서 개념에 끼어들 것 같다. 그렇게 되면 전통적 개념의 책이나 독서의 장점을 긍정하는 것과는 별개로 이들 디지털 자료를 대상으로 한 독서교육 역시 불가피한 요청이 될 것이다. 그런 의미에서도 디지로그 패러다임의 개화는 기대할 만하다.

끝으로, 정보시대의 독서 행위 또는 독서교육이 가지는 성격을 이렇게 정리할 수 있다.

첫째, 정보시대를 지식과 정보의 가치가 한층 중요시되는 시대라 한다면, 읽기가 정보 습득에 중요한 수단이란 점을 감안할 때 읽기교육을 통해 정보 습득 능력을 길러줄 필요성은 더욱 증대한다. 단순한 문해에 그치지 않고 점점 높은 수준의 독서 행위를 요구하는 사회가 될 것이기 때문이다. 물론 여기서 읽기의 대상이 꼭 종이책만을 의미하지는 않지만, 문해 능력이 독서 행위를 통해 길러진다는 점 역시 부인할 수 없다.

둘째, 앞에서도 말했듯이 정보의 양이 폭증한다는 것은 올바른 정보와 그렇지 않은 정보, 가치 있는 정보와 그렇지 않은 정보를 적절히 취사선택할 수 있는 능력이 필요하다는 뜻이기도 하다. 이것은 비판적 읽기 능력을 갖춘 자만이 할 수 있는 일이며, 비판적 읽기는 독서교육의 중요한 요소이기도 하다. 주어진 정보를 그대로 수용하는 것이 아니라 분석하여 종합적으로 이해하고, 나아가 이를 효과적으로 활용할 수 있는 능력을 길러줄 필요가 점증하고 있다.

셋째, 일반적 독서기술의 개발과 더불어 종이책의 형태가 아닌 다양한 정보 제공 방식에 적응하는 독서교육이 필수적이다. 텔레비전, 인터넷, 휴대전화 등 각종 매체가 문자 형태 또는 언어적 방식으로 전달하는 정보를 자신의 목적에 따라 합리적으로 선택하고 이해, 활용하는 능력을 길러주는 일도 독서교육의 영역에서 부담해야 할 몫이다.

못 다한 이야기 1

2005년 2월 하순, 내가 5년 반 동안 교장으로 있던 화수고등학교와 작별하는 날이 왔다. 아니 화수고등학교가 아니라 40년 가까이 몸담아 온 학교란 집을 떠나고, 또 그렇게 오래도록 입고 있던 교육공무원이란 옷을 벗어버리는 의식인 정년퇴임식을 갖게 되었다.

식장인 한누리관, 학교의 강당이자 체육관이자 평생교육관인 550여 평의 이 집을 짓기 위해 교육부, 교육청, 국회의원, 지자체의 도움을 얻고자 2년 반을 동분서주한 결과 20억을 마련하고 마침내 거둔 결실이 아니던가. 여기에 한 층을 뚝 떼어 평생교육원이란 간판을 걸 때 나는 또 다른 꿈을 이룬 셈이다. 중국문화체험 때 구입하여 보관하던 매화도와 백마도 등 초대형 화폭을 걸어 그 기쁨을 드러냈다.

5년 반 동안 내가 추구했던 프로젝트인즉, 평생교육을 활성화하여 지역사회와 하나가 되고, 제대로 된 도서관을 만들어 독서교육을 강화하자는 것, 이 둘이었다. 이 두 축 위에서라면 교육적 성과를 극대화할 수 있다는 믿음이 있었다.

한계를 넘는 마지막 고비

학교장으로서 어쩌면 나는 퍽 행복한 사람이다. 뜻한 바를 이룰 만큼은 이루었다.

학교평생교육으로는 경기도에서, 어쩌면 전국에서 제일가는 성과를 거두고 인정을 받았다. 그 성과의 절정은 2004년 12월에 있던 제1회 평생학습대상(교육인적자원부 주최, 교육개발원 주관)에서 화수고등학교가 교육기관단체부문 특별상을 받고, 아울러 화수고 평생교육원 초창기 공로자 J(이제는 박사에 교수가 된)가 개인부문 특별상을 받은, 동반 수상의 성취였다. 전국 초·중·고를 통틀어 화수고등학교가 유일하게 수상했다는 데서 그 상이 얼마나 의미 있는 것이었는가 짐작할 만하다.

학교도서관으로서도 경기도를 넘어 전국적으로 우수사례가 되었다. 그 성과의 절정은 2003년 9월에 제주도 서귀포에서 열린 제41회 전국도서관대회에서 학교도서관 우수학교로 문화관광부장관상을 탄 것이다. 그리고 화수고 도서관 팀장인 K교사는 전국학교도서관대회에서 교육인적자원부장관상을 받고, '책이랑' 동아리장은 경기도 학교도서관 표창에서 교육감상을 받는 등 겹경사를 치렀다.

그보다 더 먼저 있었던 일이지만, 2002년에 평생교육과 도서관을 묶어, 창의적 경영의 선진 시범학교로서 이른바 '신지식학교'로 인증을 받은 바도 있다. 당시에 경기도 고등학교로서는 유일한 수상자여서 교육감의 인증패를 현관에 훈장처럼 걸어놓기도 했다.

그러나 학부모들이 일편단심으로 원하는 것은 여전히 대입 성과였다. 나는 평생교육과 도서관 두 가지에 전심하면서, 독서와 도서관의 교육적 가치를 알려야 한다는 생각보다는 이들이 대입에도 큰 보탬이 됨을 증명해야 한다는 강박관념에 시달렸다. 평생교육 덕분에, 지역사회가 화수고등학교를 보는 눈이 '들어가선 안 될 학교'에서 '들어가도 무방한 학교'로 바뀌었고, 그래서 화수고에 자녀 보내는 것을 거부감 없이 받아들이는 분위기가 조성된 것도 사실이다. 또, 도서관으로 표상되는 교육방법을 지속적으로 추진한 후 학력이 증진되고 대입 성과가 좋아진 것도 사실이다. 그러나 거기엔 넘을 수 없는 한계가 있었다. 주민들이 자녀를 화수고에 보내는데 거부감을 갖지 않게 됐다고는 하나 그건 평범한 자녀일 때 얘기지 우수한 자녀라면 결코 화수고에 보내려 하지 않았고, 대입 성과가 좋아졌다고는 하나 입학 자원이 워낙 범재들이라면 애써 키워 보았자 명문대 합격은 요행수였다.

그러던 차에 경기도교육청에서 고입평준화의 확대 실시를 결정하면서 고양시가 거기에 포함되었다. 선지원 후추첨이란 변수 때문에 평준화 이전의 학교서열이 유지되긴 했지만, 화수고로서는 3류 탈출의 호기가 온 셈이다. 때는 2002학년도였다. 고입평준화로 이제 학교 간에 공정한 경쟁이 가능해졌고, 그렇다면 내가 그동안 갈고 닦은 독서교육의 칼이 빛을 발할 때가 왔다고 생각하며 속으로 단단히 별렀다. 그러나 호사다마라, 추첨 과정의 전산오류와 교육감 사퇴가 맞물리면서 평준화의 취지는 크게 훼손되고 말았다. 우여곡절이야 다 말할 수도 없지만, 아무튼 공정치 못한 배정에다 이기적 민원에 들볶이던 교육청은 고양시의 강북(덕양구)에 배정된 우수학생들이 고양시의 강남(일산구)으로 빠져나갈 수 있도록 길을 터주고 말았다. 그러자 덕양구에 위치한 화수고에 배정된 학생들이 일산구로 줄줄이 새나갔다. 자그마치 40여 명이 나갔는데 성적 상위권은 태반이 빠졌다.

아직도 배가 열두 척 남았다네

'학교도서관 또는 독서교육이 입시전쟁에서 승리를 담보하는 우군이라는 것을 결과로서 증명하자'던 내 다짐이 헛되이 무너지는 상황이었다. 교장도 교장이지만 한판 승부를 겨루자던 선생님들의 의욕이 미처 피기도 전에 시드는 것이 가장 안타까웠다. 그래도 학교장으로서 서둘러 마음을 추스를 수밖에 없었는데, 그때 나의 심정을 위로한 것이 어쩌면 충무공의 그 한마디였는지도 모른다. "제게는 아직도 전선 열두 척이 남아 있습니다."

그나마 도서관 운영을 활성화한 이후에 입학한 학생들이 서울대에 버금가는 명문 Y대, 어찌 보면 서울대 가기보다 더 어렵다는 한의학과 등에 드물게나마 합격하면서 나에게 위안을 주었다.

평준화 이후 첫 졸업생을 내는 2005년 대입, 그것은 나의 화수고 경영 5년 반을 마감하는 때, 40년 가까운 나의 교직 평생을 마감하

202

는 때와 맞물려 있었다. 불공정한 평준화이긴 해도 평준화 첫 세대의 대입 성과가 지역사회의 학교평가에서 가차 없는 잣대로 작용할 것은 불을 보듯 뻔했다. 평준화 배정이 불공정했다든가, 배정 후 우수학생이 대거 빠져나갔다든가, 졸업생 수가 400명도 안 되는 학교와 600명이 넘는 학교를 합격자 수로 단순 비교한다는 것은 불합리하다든가, 그런 항변이 통할 계제가 아니었다. 나의 도서관중심 교육이 궤도에 오른 시기에 입학한 학생들의 첫 졸업, 여기서 실패하면 나의 독서효용론도 설득력을 잃지나 않을까 두려웠다. 다른 쪽에서 아무리 성공을 공인받았다 해도 명문대 합격생 배출이 화수고의 '부족한 2퍼센트'임도 부인할 수는 없지 않은가.

그런데 놀랍게도 결과는 대성공이었다. 서울대 합격 세 번째를 알리는 전화를 받으면서 내 목소리는 흥분으로 떨렸다. 서울대 3명 합격은 고양시 20여 개 고등학교 가운데 화수고뿐이었다. 대다수 학교들이 단 1명의 합격생도 못 낸 처지에, 기피학교였던 화수고가 서울대 3명 합격이란다. 평준화 고입 첫 해에, 화수고에 배정받은 이웃 중학교 학생이 울고불고 야단이라는 소식을 접하면서 해당 학교 교장으로서 얼마나 민망했던가. 그런데 바로 그해 입학생들이 드디어 일을 낸 것이니 감격스러울 만도 하지 않은가.

인제야 누가 뭐래도 이제 화수고는 명문고가 됐다고 축하하는 여러 사람의 인사를 받으며, 한편으로 나는 씁쓸한 기분이 들었다. 명문대 합격생, 더 정확히는 서울대 합격생 숫자로 학교 서열을 매기는 세평에 조소를 보냈던 내가 이제 그 평가기준에 편승하여 학교

경영 성과를 인정받으려 하는가. 나도 별 수 없는 속물 교육자였던가. 그러나 애초부터 우수학생을 최대한 확보한 후 오로지 대입에 '올인'하며 나의 도서관 주력에 비웃음을 보내던 이들에게 통쾌한 뙈침을 가했다는 즐거움, 이런 심정까지는 굳이 숨기지 않아도 되겠지.

그렇지 않아도 평준화가 해를 거듭할수록 화수고에 1순위 선지원자들이 몰려 2배수 이상으로 경쟁이 되더니, 이번에는 화수고 배정에 탈락한 학생이 울고불고 한다는 소식을 접하며 "인심은 조석으로 변한다"는 속담을 실감하던 터였다. 이제 서울대 3명 합격의 입소문까지 위력을 발하여 새해엔 정말 박이 터지겠네, 생각하니 웃어야 할지 울어야 할지 모를 심정이었다.

책 읽는 사회와 평생교육

화수고에서의 대입 성취가 독서 또는 도서관 활성화와 어느 정도 상관관계를 가지는지 통계학적으로 분석하는 일은 그리 쉽지 않을 것이다. 그러나 퇴직 교장으로서 내가 관심 가지는 바는 명문대 합격을 위하여 책을 읽으라는 식의 각박한 독서효용론이 아니다. 우리가 책을 통해 얻는 것이 어찌 지식뿐이며, 독서의 효용이 어찌 진학이나 취직뿐이겠는가. 앞에서도 "책은 꽃만큼 아름답고 밥만큼 소중하다"고 했지만, 독서는 인격이나 능력에 있어 인간의 영장성을 최대로 끌어올리고 확장하는 최고의 수단이다. 또한 독서의 그

옥한 즐거움을 그 어느 오락과 견줄 것인가. 〈꽃과 밥〉 2호의 발간 사에 나는 다음과 같이 썼다.

인생에서 우리네가 누릴 수 있는 시공時空과, 접할 수 있는 인간은 펀이나 제한적입니다. 다니는 길, 만나는 사람, 하는 일들이 거기서 거기로 비슷비슷한 삶을 반복적으로 살다보면 어느새 일생입니다. 소망으로 가득 찼던 청춘도 덧없이 흘러가고, 어느 날 문득 거울 속에 비추인 늙은 얼굴을 바라보다가 화들짝 놀라게 됩니다.

여행을 다니며 이색적 풍광風光을 즐기고, 많은 사람과 만나며 악수를 나눠보지만, 여행의 태반은 주마간산走馬看山이요, 만나는 사람의 태반은 결코 마음을 열지 않습니다. 그래서 우리는 늘 헛헛하고 노상 외로움을 타는가 봅니다. 책이 없다면 우리는 이 헛헛함, 이 외로움을 어떻게 달랠까요. 우리는 책 속에서 수천 년을 살 수 있습니다. 온 지구를 다 돌아다닐 수도 있습니다. 이미 저승으로 간 이들을 불러내고, 지구 반대편 사람들과 속 깊은 대화를 나눌 수도 있습니다. 경우에 따라서는 먼 훗날을 내다보고, 지구 밖의 세계까지 넘볼수도 있잖습니까! 우리는 책을 통해 배울 뿐만 아니라 책을 통해 위로받고 책을 통해 성장합니다. 책은 친구요 연인이요 스승입니다.

책은 어떤 의미에서 명의이기도 하다. 독서치료라는 말도 있지만, 우리의 마음병을 고쳐주는 처방이 모두 책에 들어 있다. 나 자신이 겪은 바로 말한다면, 유·소년기에 받은 상처로 인한 외로움과 고통을 달랠 길 없어 자기 연민에 빠져 허우적거릴 때, 책이 아니었더라면 그 상처를 치유하기가 참 어려웠을 것이다. 그것은 어쩌면 치료의 단계를 넘어 구원이라고 불러야 할지도 모른다.

미국영화 〈마틸다〉(대니 드비토 감독)에서, 주인공 마틸다는 네 살 때부터 도서관에 가서 책을 읽어대는 독서광이다. 재미있는 장면은 사기꾼에 가까운 아버지나 돈만 알고 허영심이 강한 어머니가 어린 딸에게 텔레비전 보기를 강요하고 책을 빼앗아 못 읽게 하는 대목이다. 텔레비전 보기와 책읽기를 극명하게 대비시키는 풍자성은 이 영화의 희극적 흐름과 유관하겠지만, 아무튼 그 메시지는 주목할 만하다. 마틸다가 이런 불우한 가정을 버리고 담임교사에게 입양됨으로써 행복을 찾는다던가, 폭력적인 데다가 부도덕하기까지 한 초등학교 교장을 징벌하려고 초능력을 구사한다는 설정에 이르면, 독서의 효용이 자기 구원과 더불어 사회정의 실현이란 데까지 확장됨을 알게 된다.

조제와 헌병

영화 얘기를 하자니 하나 더 생각나는 것이 일본 영화 〈조제, 호랑이 그리고 물고기들〉(이누도 잇신 감독)이다. 앉아서만 지내는 가난한 장애소녀 조제는 버려진 헌책들을 모아다가 읽는 것이 유일한 낙이었다. 마음대로 골라 읽지는 못할망정 독서에서 삶의 보람을 찾던 조제도 사춘기의 헛헛함은 막을 길 없어 착하고 잘생긴 남자

츠네오와 사랑에 빠진다. 그러나 그것은 '호랑이'와의 만남처럼 두려운 모험이었고, '물고기'들이 펼치는 환상세계였다. 가난한 장애소녀와 잘 나가는 킹카의 사랑은 희망이나 행복처럼 보이지만 실상 절망이요 죽음이었다. 이 장애소녀를 구원하는 끈은 역시 책밖에 없었다.

열린우리당 비례대표 1순위로 17대 국회에 입성한 장향숙 의원은 중증장애인이다. 평생 두 발로 서 보지 못하고 '언제나 엎드린 채 세상을 바라봐 온 사람'인 그가 1만 권 독파라는 엄청난 독서의 힘으로 오늘의 입지전적 성공을 거두었음은 이미 묵은 화제이다. 장 의원은 홈페이지를 통해 이른바 '만리장서萬里長書 쌓기'라는 독서 운동을 하고 있어 더욱 인상적이다. 이 장애녀야말로 성공한 조제의 살아 있는 신화일 듯하다.

조제나 장향숙만 장애인은 아니다. 우리는 누구나 크고 작은 마음의 장애를 안고 산다. 1965년, 전해부터 있던 6.3사태의 연장선상에서 한일굴욕외교 반대 시위가 치열하던 그 여름, 나는 남산 밑 필동에 있던 수도경비사령부 소속 헌병으로서 데모대를 막는 일선에 서 있었다. 일등병으로 야전곡괭이 자루를 들고 최루탄 배낭까지 진 채 고려대 정문을 뚫고 돌격하도록(당시 신문들은 그 일을 틈입闖入이라고 표현했다) 강요당했다. 연막탄이 종횡무진 땅바닥을 기는 가운데(우리는 그것을 지랄탄이라고 불렀다) 방독면을 쓴 헌병들은 마치 복면강도처럼 무단히 중앙도서관에까지 난입하여 데모 가담자를 색출하였다. 자기는 데모 가담자가 아니라고 발명하다가

곡괭이자루로 두개골을 맞아 피 칠갑을 한 채 트럭에 마구잡이로 실려가는 대학생들의 모습은 처참하기 이를 데 없었다. 나는 성난 고참들 뒤만 따라다니면서 차마 그 짓거리에 동조하지 못했지만, 그렇다고 불복종의 저항도 할 수 없는 무기력하고 비굴한 자신에 절망하였다. 그 암울한 현실에서 옴짝달싹 못하고 신음조차 낼 수 없이, 개인의 자유의지가 철저히 무시되는 군대라는 조직의 횡포에 치를 떨고, 병역의 정당성에 회의하며 고민했다.

신문도 볼 수 없었고 볼 책도 없었다. 군화부터 헬멧까지 갖춘 채 내무반에서 출동 명령만 기다리며 대기 상태에 있던 그때, 나는 관물함에 몰래 숨겨놓았던 책을 꺼내 읽고 있었다. 마침 이걸 본 고참 병 하나가 와서 책을 보자더니 며칠만 빌려 달라며 가져가 버렸다. 그는 책을 돌려달라는 내 요구를 외면하더니 얼마 후 월남 파병 맹호부대에 자원하여 가버렸다.

한번은 데모를 막느라 수고했다고 경복궁(소속 사단 주둔지였다)에서 사병 위안잔치를 열었다. 징발돼 온 앳된 여자들이 사랑을 노래하고 야한 춤을 추었다. 심란할 뿐 흥이 나지 않았던 나는 공연장에서 슬그머니 빠져나와 잔디밭에 몸을 누이고 숨겨온 문고본을 읽기 시작하였다. 얼마나 지났을까, 이제쯤 공연이 끝났으려니 하고 돌아와 보니 우리 부대원은 모두 귀대하고 한 사람도 남아 있지 않았다. 헐레벌떡 부대로 돌아오자 화가 나서 기다리던 분대장이 침상에 손을 대고 엎드리라고 하더니 곡괭이자루를 가지고 왔다.

그럼에도 나는 책이 없었다면 군대 생활을 어찌 했을까 싶었다.

독서는 엄혹한 현실에서 나를 데려다 위로하던 환상 탈영이었는지
도 모른다.

못 다한 이야기 2

퇴직을 앞두고 있을 때, 어느 교수가 이런 얘기를 해주었다. 은퇴에 해당하는 서양말 'retire'를 파자하면 '타이어를 새로 갈아 끼우다'라는 뜻이 되듯이, 은퇴에 대한 패러다임이 바뀌고 있다는 것이다. 그래서 서양의 은퇴자들은 숨 가쁘게 달려온 지난 삶을 정리하고 여유 있는 마음으로 새로운 삶, 제2의 인생을 시작한다고 했다. 65세 정년인 대학교수가 62세 정년인 중등교원에게 미안해서 위로 삼아 하는 말이라고 생각하기는 했지만, 그 말이 제법 그럴듯하다는 생각도 했다.

일본에서는 '정년停年'이란 말이 어폐가 있다 하여 '정년定年'으로 고쳐 쓴다고도 하지만, 사실 '은퇴隱退'라는 말은 별로 맘에 안 든다. 정권의 핵심에서 벼슬을 누리다가 수염이 허예져서 관직을 내놓고 고향으로 물러나 한가로이 소일하며 만년을 보내던 옛 사대부에게는 혹 그 말이 맞으려는가 모르겠다. 또는 정년퇴직 후 5년을 넘겨 살기가 어렵던 시절, 여생을 건강이나 돌보면서 아니면 병치레나 하면서 세상과 거리를 두고 살던 사람에게라면 그 말이 수

211

긍될까 모르겠다. 그러나 퇴직은 일러지고 수명은 길어져서 퇴직 후에도 20년, 30년을 더 사는 처지에 은퇴라는 말은 어불성설이다.

고령화사회가 되면서 퇴직 후 노인들의 생활에 관한 연구도 활성화되고 그에 대한 책도 꽤 나오는 것 같다. 어느 책을 보니, 정년퇴직은 인생의 종착역이 아니라 제2의 인생 시발역이라고 했다. 제2의 사춘기라는 표현도 쓰고 보너스 기간이라는 말도 있다. 신체 능력 저하에다 두뇌의 정보처리능력조차 현저히 뒤처지니 젊은이들 앞에 주눅 들고 심리적으로 소외감도 느끼는 것을 부인할 수는 없다. 그러나 젊은이들이 가지지 못한 지혜와 경험이 있고, 정서적 안정과 여유가 있다. 더구나 경제적으로 쪼들리지만 않는다면, 이 자유와 해방감은 얼마나 즐겁고 행복한 것인가?

먹물의 제2 인생

나는 그동안 못 다 읽은 책도 읽고, 쓰고 싶던 글도 쓰고, 여행도 다니자고 마음먹었다. 그리고 내가 비록 가진 것은 적으나 그동안 쌓은 지식과 경험을 필요로 하는 곳이 있다면, 사회나 후진들을 위해서 기회만 주어진다면 기꺼이 베풀자고 다짐했다. 내가 이전에 발표했던 논문이나 저서를 보고 참고 자료를 요청하는 연구자들이 종종 있다. 내가 학교에 있는 동안에도 평생교육과 도서관 문제로 조언과 협조를 요청하는 이들이 적지 않았다. 글을 써달라고 청탁하는 신문과 잡지가 있고, 출연을 요청하는 방송매체나 강의를 해

달라는 모임도 제법 있다. 무슨 모임의 임원을 맡아 달라는 교섭도 여러 차례 받았고, 지식인으로서의 내 역량을 동원해 달라는 개인 부탁도 수시로 받는다. 돈도 명예도 안 되는 일들이지만, 내가 아직 유통기한이 끝나지 않은 상품 취급을 받는다는 느낌이 영 나쁘지만은 않다. 그래서 가능하다면 기꺼이 부응하려고 한다. 그러나 한갓 흘러간 노래 우려먹는 늙은 가수 신세가 되지 않으려면, 그나마 내가 가진 지식이나 경험을 끊임없이 높이지 않으면 안 된다는 것을 안다. 그런 의미에서 2005년 여름의 캐나다 여행은 내게 의미가 자못 크다.

경기도평생교육연합회에서 마련한 여행이지만, 내용은 평생교육 쪽보다는 오히려 도서관 견학이 중심이었다. 밴쿠버에서만 시립도서관 두 군데와 유니버시티 오브 브리티시컬럼비아UBC 도서관 등 세 군데를 돌아보았는데 우리가 본받아야 할 내용이 제법 있었다.

처음 간 코퀴틀람Coquitlam 공공도서관은 교외의 숲 속에 있었는데, 참으로 조용하고 아름다운 환경을 가지고 있었다. 인상적인 것은 책 외에 CD, DVD, 비디오테이프 등 시청각 자료를 다량 구비해 놓고 이들을 대출하는 모습이었다. 물론 독서 자료가 중심이지만 음악이나 영화 자료를 대출하는 것은 의외였다. 다음으로 눈길을 끈 것은, 다민족국가이기에 더 그렇겠지만, 소수자에 대한 배려가 철저하다는 점이었다. 한국어를 비롯하여 10개 국어를 배울 수 있도록 어휘, 문법, 발음, 독해 등으로 세분한 컴퓨터 프로그램을 갖추어 놓고 있었다. 시각장애인을 위한 듣기 테이프도 많았고, 열람실도 유아용·아동용·십대용·노인용 코너가 따로 설치되어 있었다. 도서 역시 아동용으로 뭉뚱그리지 않고, 1-2세용/3-4세용/어린이용으로 세분하여 각각 아기얼굴/자주색/녹색의 라벨을 붙여 놓았다. 노인용 도서 코너를 찾아보니 그들에게 인기 있는 장르라는 로맨스, 과학소설, 추리물 등이 따로 진열되어 있었다. 놀라운 건 노인용 도서가 출판 과정에서부터 큰 활자로 따로 찍혀 나온다는 사실이었다. 노인의 독서 기피 원인 중 첫 번째가 시력의 부담 때문임을 감안한 그들의 배려가 무척 부러웠다.

그 다음 방문한 밴쿠버 공공도서관은 도심 번화가에 자리 잡고 있었다. 콜로세움 식 원형건물이 특이하기도 하지만, 회랑으로 둘러친 건물 외곽에 들어선 고리 모양의 상가는 정말 의외였다. 코퀴틀람이 전원풍이라면 이곳은 시장바닥 같았다. 시민들은 늘어선 편의점이나 음식점을 이용하기도 하고 도서관에 들어가서 책을 읽기도 했다. 소수민족의 도서도 꽤 갖추고 있었는데, 한국어 도서만 어림잡아 1000권은 돼 보였다. 가방을 가진 채 시민이 자유롭게 출입하고, 서가 옆에서도 독서가 가능하도록 시설을 해놓았다. 시청각 자료 대출은 코퀴틀람과 같았다.

대학도서관UBC의 학구적 분위기는 밴쿠버보다는 대체로 코퀴틀람 쪽에 더 가까워 보였다. 그러나 외국인 여행객인 우리가 배낭을 맨 채 아무 제재도 받지 않고 전문서적이 즐비한 서가를 마음대로 휘젓고 다니도록 허용한 것은 밴쿠버 도서관과 더욱 닮았다. 대출받은 책 반납은 번거로운 절차 없이 큰 통에 던져 넣으면 그만이었다.

그리고 어느 도서관엘 가나 책 바겐세일 코너가 있었음은 시사하는 바가 크다. 도서관 장서 가운데 폐기처분하는 것들인데, 멀쩡한 책이었지만 아주 싼값에 팔리고 있었다.

못 다한 이야기① - 병영도서관

군부대 앞으로 차를 타고 가다 보니 정문 안쪽에 눈길을 끄는 표어 하나가 있다. '인간 존중의 병영문화'였다. 2005년 6월에 연천 비무장지대 초소에서 있었던 총기난사사건 등 빈발하는 병영 사고에 대응하는 표어인지는 모르나, 비록 표어에 그칠지라도 반갑기는 마찬가지이다. 남북 화해 무드 때문에 생긴 군의 기강 해이니, 고생 모르고 자란 신세대 병사의 글러먹은 정신 상태니 하는 쪽에서 풀지 않고 비인간적 폭력성이나 인권의 문제로 접근하는 징조가 보였기 때문이다.

2005년 어느 군부대에 도서를 기증하는 행사에 다녀온 적이 있다. 연대급 부대인데 도서관을 설치할 실내공간이 없어 부득이 컨테이너 박스 3개를 장만하고 병영도서관을 열겠다고 했다. 이런 의욕을 보인 지휘관의 용기도 가상하지만, 군대에서 도서관의 필요성이 그만큼 커졌다는 뜻도 될 것이다. 병영에 책 읽는 문화가 보편화되고, 군대에 공부하는 풍토가 자리를 잡는다면, 군복무가 청춘을 허송하는 의무기간으로 전락하지는 않을 것이다. 또한 대한민국의 남자 대다수가 평생토록, 청춘의 황금기 한 때를 폭력이 난무하고 인권이 짓밟히는 악몽으로 기억하지 않아도 될 것이다. 아니, 한 발 더 나아가면, 군복무기간을 국민 의무교육 기간의 연장으로 승화시켜 민도民度를 한 단계 올릴 절호의 기회로 삼을 수도 있다. 신라의 화랑이 그랬듯이, 직업군인으로서 장기복무 장교와 부사관들을 국가 동량으로 키우고, 병역 의무를 수행하러 온 병사들의 인격과 학력도 전반적으로 향상할 수 있다. 나폴레옹이 전장에서도 많은 독서를 했다는 것은 유명한 얘기지만, 국군을 양질의 정예로 양성하는 데에도 책이 기여할 바는 적지 않을 것이다.

군부대 책 보내기 운동을 꾸준히 하고 있는 '사랑의 책 나누기 운동본부'나 '은혜의 책 보내기 운동본부' 같은 민간단체의 노력도 강화되어야 하겠지만, 국방부도 무기 사들이는 예산만 편성할 것이 아니라 도서실을 장만하고 책을 사들이는 예산도 일정 비율 확보하여야 마땅하다. 어떤 부대에서는 병영도서관을 만들고 책을 쌓아 놓아도 읽는 병사가 별로 없어 고민이라는 얘기도 들린다. 학교도서관에서 겪은 일의 복사판이다. 전투에만 전술이 필요한 것이 아니라 책 읽히는 데도 전술은 필요하다.

못 다한 이야기② - 어린이도서관

두 돌도 안 된 손자를 보면서 벌써부터 이놈을 어떻게 교육할까 궁리를 하게 된다. 얼마나 수선한지 잠잘 때를 빼놓으면 단 몇 초도

216

가만히 있는 일이 없다. 애보는 사람이 집중력을 가지고 애를 감시하지 않으면 어디서 무슨 일을 저지를지 모른다. 움직임도 어찌나 잽싼지, 이리 갔는가 하면 어느새 저쪽에서 통통거리는 소리가 들리고, 쓰러뜨리고 던지고 부딪치고 넘어지니 혹시나 싶어 한 순간이라도 한눈을 팔지 못한다. 그런데 웬일인지 그림 하나 없는 성인용 책을 열심히 읽(?)는다. 거꾸로든 바로든 알 바 없이 시선을 못박은 채 꼼짝 않고 앉아서 책장을 계속 넘기며 묵독을 한다. 이것이 몇 분이나 계속되는데 이 시간은 어른의 몇 시간에 맞먹는다고 할 수 있다. 그 과정에서 책장을 구기고 찢는 일만 없다면 잠시나마 마음 놓고 쉴 수 있으련만……

텔레비전을 좋아하지 않는 어린애가 책에 이렇게 집중력을 보이는 건 무엇을 뜻하는가. 이 아이가 예외인가, 그야말로 전생의 습관인가? 어느 전문가의 주장에 따르면, 한글이 워낙 탁월한 문자여서 그런지 한국의 유아들은 빠르면 한 돌 반에서 두 돌 정도에 문자 해득이 가능하다고 한다. 이는 알파벳을 배우는 서양 유아에 비해 2년은 빠른 것이라고. 그게 사실일진대 독서교육으로는 한국이 국제 경쟁에서 대단히 유리한 고지를 선점한 셈이다. 독서교육을 소홀히 한다면, 인재 양성에 있어 문화 인프라인 한글을 활용할 기회를 아깝게 놓치는 것이다. 한 돌 미만의 유아들에게 책을 나누어 주는 영국의 북 스타트 운동이 우리에게도 신선한 자극이 됨직하다.

2005년 5월 남이섬에서 가진 '독서단체 관련자 워크숍'(간행물윤리위 주최)에서 있었던 청주 초롱이네도서관(관장 오혜자) 사례발표는 참석자들에게 흐뭇한 감동을 안겨주었다. 동네 유아와 초등학생들이 모여 책을 읽고 나서, 그림을 그리고, 놀이를 하고, 체험학습을 하며 입체적인 독서문화를 창조하고 있었다. 특히 매년 공원에서 하는 동화잔치는 어린이와 부모들이 어울려 꾸미는 무지개처럼 아름다운 행사였다. 막대한 예산을 들여 어린이청소년도서관 같은 큰 도서관만 지으려고 할 게 아니다. 문화 혜택으로부터 소외된 시골일수록 이런 '작은 어린이도서관 운동'은 또 얼마나 소중한 사업인가.

최근에 영국의 아동문제전문가 그룹이 정부에 보낸 공개서한을 보면 어린이 독서의 필요성을 더욱 실감하게 된다. 요지인즉, 정크푸드와 광고 홍수, 학력 경쟁, 전자오락이 뒤섞인 '정크문화'가 어린이들의 창의성과 상상력을 해치고, 심각한 정신 질환에까지 이르게 한다는 것이다(〈한겨레〉 2006. 9. 13). 누구나 조금만 생각하면, 이 가엾은 어린 세대를 심각한 위기에서 구원할 처방으로 앞에 제시한 것 같은 입체적 독서가 가장 바람직함을 알게 될 것이다.

못 다한 이야기③-마을도서관

민간 주도의 사설문고가 인기를 얻고 수요가 급증하면서 문화관광부나 국립중앙도서관 같은 정부기관, 서울시나 대구시 같은 지방자치단체 등에서도 작은 도서관에 관심을 기울이기 시작했음은 반가운 일이다.

218

서울시 계획을 보면, 기존의 주민자치센터, 복지관 등을 개조하는 방법을 포함하여 2008년까지 129곳을 마련하는 데 1214억 이상의 예산을 투입한다고 한다. 하나에 거의 10억이 들어가는 셈인데 작은 도서관이라는 것이 이 정도이다. 어쨌건 시민 25만 4000명 당 공공도서관 1개라는 서울의 사정이 좀 나아지려나 모르겠지만, 어쩐지 내가 보기에는 부지하세월이다 싶게 답답하다.

노래방 9만 개인 나라에 도서관은 통틀어 1만 개라는 탄식도 있는데, 더 심각한 것은 그 1만 개의 90퍼센트 이상이 학교도서관이고 공공도서관은 불과 500개라는 데에 있다. 그러니 새 도서관 만들기보단 1만 개나마 제구실을 하도록 하는 일이 선결 문제가 아닐까 싶다. 다시 말하면 학교도서관에다 공공도서관 기능을 부여하는 것이다. '학교도서관'의 '학교'는 교육부 소관이고, '도서관'은 문광부 소관이어서 이 일이 성사되기 위해서는 교육부와 문광부의 공조가 반드시 필요하다. 문광부가 예산과 기술을 지원하고, 교육부가 인사와 행정 쪽에서 협력하는 방식이면 가능할 것이다. 이 접근법은 서울시의 계획에 들어 있는 '학교복합도서관' 개념의 확대 적용으로 보아도 무방하다.

학교도서관으로 하여금, 학생만을 위한 도서관에 그치지 않고 주민들이 이용하는 마을도서관의 기능도 겸하게 하여, 평소에 주민들이 가까운 동네 학교의 도서관을 제 집 드나들듯 하게 만들어야 한다. 그러기 위해서는 몇 가지 고려해야 할 전제가 있다.

첫째, 주민용 시설을 추가해야 한다. 이를테면 학생 교육에 방해가 안 되게 주민열람실로 교실 한 칸 정도는 할애해야 한다. 대출이 위주가 되면 열람실이 따로 필요치 않을 수도 있지만, 그래도 쉬거나 머물 공간(코너)은 있어야 한다. 초등학교의 경우엔 방과 후에 학부모와 자녀가 함께 독서하는 모습도 보기 좋을 듯하다.

둘째, 장서가 충분해야 하고, 초등학교나 중학교 같은 경우에는 성인용 도서를 가외로 확보해야 한다. 부족한 장서는 이웃 학교나 공공도서관과의 협력망을 통해 해결할 수도 있다.

셋째, 사서 등 인력을 배정하여 전문적 서비스를 제공해야 한다. 직장인을 위하여 방과 후 또는 야간이나 주말에도 주민이 이용할 수 있도록 운영하는 것도 그 중의 하나이다.

넷째, 담당교사나 사서 등을 위하여 약간의 당근을 준비해야 한다. 평생교육 차원에서 또는 지역사회 봉사 차원에서 당연한 책무라고 생각하지만, 제도가 정착될 때까지는 수당 지급이나 가산점 부여 같은 인센티브도 필요하다. 개방에 소극적인 이들을 설득하는 데는 채찍과 함께 당근이 없어서는 안 된다.

아, 고등학교 도서관!

고등학교 교장으로 퇴직한 지 2년이 되어 간다. 엊그제 같은 데 벌써 2년이야 싶지만, 반대로 몇 해 전 일처럼 멀게 느껴지기도 하니 그새 퇴직 생활에 적응한 때문인지도 모르겠다. 40년 가까이 버릇들인 생활 리듬을 한꺼번에 어찌 바꿀 것이며, 한창 피어나는 사랑스런 제자들이 눈에 밟혀 혼자 무슨 재미로 살 것인가, 지레 겁을 먹었다. 그래서 과거와 작별하고 정을 떼려고, 이사를 한다, 해외여행을 떠난다, 짐짓 안간힘을 쓰기도 했다.

그런데 대입수능 철이 돌아오니 본능적으로 긴장감이 느껴지는 것은 어인 일인가. 팔다리를 절단한 사람이 때때로, 있지도 않은 손가락이 아프다든가 발바닥이 가렵다고 호소하기도 하는데 이를 상상통이라 한다던가. 퇴직 후에도 수능철이 되면 느껴지는 스트레스는 바로 상상통 같은 것인가 싶다. 수능날 관공서의 출근 시각을 1시간 늦춘다는 뉴스를 보며, 문득 60만 가까운 수험생과 그 갑절은 될 학부모와 지도교사들을 생각한다. 아울러 찰떡에 엿까지 나누어 먹으며 해마다 되풀이하던 수능 격려 행사가 생각난다. 운동

221

장에서 치르던 장도식이라는 행사와는 또 달리, 강당 같은 데서 하던 수능 고득점을 기원하는 고사가 있다. 한번은 3학년부장이 이웃 학교의 수능 축원문이 명문이라고 우리도 그걸 쓰자며 가져왔다. 한문교사가 지은 이 축원문을 그 학교 교장이 읽자 동석했던 여자교감이 감동하여 울음을 터뜨렸다는 얘기도 들려주었다. 유세차唯歲次로 시작하여 상향尚饗으로 끝나는 근엄한 문장인데 새김을 발췌하면 이렇다.

이제 여러 학생들은 시험 당일에 일찍 일어나 얼굴과 마음을 깨끗이 씻고, 일찍이 시험장에 가거라. 눈앞에 문제지가 보이거든 차분한 마음으로 기지를 발휘하여 정정당당하게 평소의 실력을 발휘하라. 시험장에서 두려워 말고 명철한 판단력을 십분 발휘하여 펜을 던질 때마다 적중하고, 답을 고르는 것마다 정곡을 찔러라. 그리고 답안지에 옮길 때 실수 없도록 하라. 모두가 고득점 받아오기를 간절히 바라노라.

수험생들아! 어찌 생각지 못하랴! 그대들을 낳은 이후로 금이야 옥이야 길러주시던 어버이의 마음을! 새벽달을 보면서 일어나시어 자정이 넘도록 문간에서 기다리시며 그대들이 성공하기를 간절히 바라시는 마음을! 또 생각지 못하랴! 선생님들의 깊고 높으신 은혜를! 아침저녁으로 그대들 곁을 떠나지 못하시면서 마음 조마조마해하시던 그 모습을! 어느 학생이 등교를 안 하나? 누가 마음을 놓고 헤매는가? 교실을 지키시며 그대들의 성적이 날로 발전하기를 하루도 잊지 못하시던 그 마음을!

얼마나 간절한가! 게다가 시루떡과 돼지머리에 제수를 차리고 막걸리 부어가며 학교장과 3학년부장과 학생대표가 초헌, 아헌, 종헌하며 넙죽넙죽 절하는 광경을 상상해 보시라. 이런 고사를 지내고 나면 꼭 '독실한 기독교인' 학부모 한두 명이 전화하여 "신성한 학교에서 돼지머리에 절하고 고사를 지내요? 미신타파 교육을 해야 할 학교에서 오히려 우상숭배를 조장하다니 용서할 수 없습니다" 하고 따따부따 고발하겠노라 으름장을 놓게 마련이다.

그런데 정작 중요한 것은 우리 교육이 교육기본법에 명시된 '인격도야'나 '자주적 생활능력'이나 '민주시민의 자질'과 그다지 관계없는 '입시교육'에 목을 매고 있다는 사실이다. 대한민국 학생들이 공부를 잘 하거나 말거나 교사들이 교육을 잘 하거나 말거나 어차피 들어갈 숫자는 정해져 있으니, 지금 하는 무모한 입시경쟁은 국가 사회적으로 볼 때 전혀 생산적이지 못한 일인데도 말이다.

월동을 위한 영양을 비축하기 위하여 한창 게걸스레 먹어야 할 가을철의 곰처럼, 기름진 평생을 대비하여 게걸스레 독서해야 할 철이 고등학교 시절이다. 그런데도 학생들은 아무리 먹어도 피나 살이 되지 않는, 입시공부라는 인스턴트식품을 편식하고, 대학에 들어간 뒤에는 그 후유증으로 영양실조에 걸려 평생을 헛헛하게 살아야 한다.

책을 말하고 독서를 논하고 도서관 운동을 하는 사람들마다 중학생을 말하고 초등학생을 말하고 영유아를 말하고 태교까지 말하면서 고등학생은 말하지 않는다. 언론까지도 차라리 성인을 말할지언정 고등학생을 말하는 것은 금기시한다. 대입이 코앞에 닥쳤는데 어느 겨를에 수험서 놓고 책을 읽으며, 학원과 독서실 드나들기도 바쁜데 한가롭게 도서관에 가겠느냐는 배려(?)인지도 모른다. 이 금기를 범하는 유일한 양심은 출판사, 그들은 대입 논술을 위해 고등학생들이 독서를 해야 한다고 입바른 충고를 한다. 책 광고에서!

애도 어른도 아닌 하이틴 고등학생들이 언제까지 독서와 학교도서관의 사각지대에 머물러야 하는가?

풀어야 할 문제들

교육인적자원부에서 2003년부터 '좋은 학교도서관 만들기 5개년 계획'을 추진하고 있다. 늦으나마 참 다행스런 일이다. 1만 개가 넘는 초·중·고등학교가 이제 거의 학교도서관을 갖게 될 것이다. 그런데 현장 교원들이 이구동성 학교도서관 활성화의 장애로 지적한 3대 요인을 보면 ①전담인력 부족 ②열악한 시설 ③자료의 부족 등이다. 그 가운데 전담인력 부족은 가장 심각한 문제이다. 사서교사 배치가 전국 통틀어 500개교가 안 되는 실정이다. 그 공백을 메우기 위해 1천 수백 명의 계약직 사서 등이 있고, 그나마 구하지 못하는 학교에선 일반담당교사가 동원되는데 자그마치 7천 수백 명이다. 사서교사 증원도 급하고, 일당 3만여 원을 받으며 설움을 당하는 계약직 사서의 고통도 해결해야 하고, 수업에 담임에 사서 대역까지 맡는 일반담당교사의 노고도 어떤 식으로든 보상해주지 않으면 안 된다. 시설도 중요하고 장서도 중요하지만 도서관 성공의 열쇠는 사람이 쥐고 있다.

교육부나 교육청의 지시 때문이든 학부모들의 등쌀에 못 견뎌서든 조만간 전국의 학교는 그럴듯한 시설과 적잖은 장서를 장만하고 학교도서관이라고 저마다 구색을 갖출 것이다. 그러나 유행처럼 한바탕 바람이 지나고 나면, 시설은 낡아 빛을 잃고 장서는 묵어서 학생들에게 외면당하고 입시교육의 그늘에 묻힌 도서관은 먼지 앉은 창고로 전락하지 않을까 벌써부터 걱정이다. 정말 중요한 건 CEO의 관심과 열정이다. 전담인력이 있어도 CEO가 모른 체하면 그들은 찬밥 신세가 되어 의욕 상실에 빠질지도 모른다. 랑가나단 S.R. Ranganathan의 '도서관 5대 법칙' 가운데 '도서관은 성장하는 유기체다'라는 말이 있다. 한 차례의 계절풍 같은 투자 후 팽개친다면 어렵사리 움이 트는 학교도서관이나 독서운동은 결실을 거두지 못하고 시들 수도 있다. 뿌리가 확실히 내릴 때까지 지속적 관심과 투자가 반드시 필요하다.

한국 출판계가 위기라고 한다. 수지 타산이 맞지 않아 출판사가 도산하고 온라인 서점의 할인공세에 서점도 줄줄이 문을 닫는다고 한다. 정말로 위기라 할 일은, 이런 환경에서는 양서가 나올 수 없다는 사실이다. 학교도서관이 살면 교육만 사는 것이 아니라 양서 출판이 촉진되어 출판문화도 살아날 것이다.

책도 알을 낳는다

교육이 무엇인가? 사람 키우는 일이다. 그래서 사람 농사라고 한다. 예로부터 '자식농사'라는 말이 있는데, 국가와 사회 입장에서 보면 교육은 인재를 키우는 일이다. 공교육이란 국가사회에 필요한 인재를 양산하는 제도이다. 우화에 황금알을 낳는 거위가 나오지만, 거위만 알을 낳는 것이 아니라 책도 알을 낳는다. 책이 낳는 알은 인재이다. 책은 경제가치도 낳지만, 문화를 낳고 인재를 낳고 행복을 낳는다. 황금알보다 더 소중한 다이아몬드 알이라고나 할까?

입시교육에 찌든 우리 교육의 문제와 사회의 무관심 속에 좌절과 낙망을 반복하면서 흔들리는 독서교육과 학교도서관. 그러나 전망이 어둡기만 한 것은 아니다. 희망의작은도서관 만들기 같은 민간 지원사업, 각종 독서운동 단체의 활동, 뜻있는 지자체나 교육청 등 관변의 의욕적 사업 추진, 독지가나 단위학교의 열정 등은 잡초처럼 강인하다. 희망을 말하고 싶어서 아름다운 일화 두 가지를 소개한다.

어느 시골의 학교 도서담당 선생님이 들려준 이야기이다. 정년퇴임을 앞둔 교장이, 학교도서관에 사놓고 싶은 책의 목록을 뽑아보라고 하더란다. 몇 백을 뽑아가자 더 많이 뽑으라고 지시하여 또 뽑고 또 뽑고 하기를 몇 차례, 할인가로도 800만 원어치나 되었다. 도서구입 예산이 없는데 어쩌려나 걱정했더니, 퇴임식 때 퇴직수당에서 그 돈을 떼어 주고 가더란다.

어느 날 허름한 차림의 60대 남자가 날 찾아왔다. 수도권 변두리에 그다지 쓸모 없는 땅을 3000평 가지고 있는데, 개발예정지가 되면서 어느 날 갑자기 수백억대 부자가 됐단다. 로또 복권이라도 당첨된 기분이라, 이 돈을 가지고 혼자 호강하기보다는 사회에 환원하고 싶은데 모교에 학술연구비로 기부할까, 장학재단을 만들까, 소년소녀 가장 돕기에 쓸까, 두루 고심하던 끝에 교육낙후지역의 학교에 도서관 설치 및 운영비로 쓰자는 결심이 섰단다. 내게 자문을 부탁하며 우선 40개교에 1억 원씩 지원할 계획을 밝히고 앞으로 더 확대하고 싶다는 꿈도 이야기했다.

이제 이 글을 마치며 고마운 분들에게 인사를 하고 싶다.

학교도서관을 하는 과정에서 헌신적 도움을 주신 김미선, 박미희 두 부장선생님과 독서교육부 선생님들, 사서교사 이선희 선생님과 책이랑 동아리, 지금은 제주도에 계신 현미자 선생님 등 두루 감사드린다. 또한 어머니책사랑반을 이끄신 공선애 회장님과 김소현 님, 평생교육을 성공으로 이끈 전도근 교수와 지역사회부 손옥미 부장선생님, 박종남 회장님께 감사드린다. 기꺼이 협력하신 교감님 이하 교직원 여러분과 학운위 위원장 및 위원님들, 그리고 이 사업을 뒷받침해준 정현섭, 김승호 두 분 행정실장님께도 고마움을 전한다.

아울러 이 책이 나오기까지 용기를 주고 음양으로 도와준 한기호 소장을 비롯한 연구소 식구들에게 감사한다.

부록

학교도서관 운영사례

독서이력철 갈등의 해법은 없는가

사람은 공간을 만들고 공간은 사람을 만든다

존경하는 교장선생님께

학교도서관 운영사례

학교도서관의 필요성

3,4년 전 고등학교 교장으로서 제대로 된 학교도서관을 만들어 알찬 독서교육을 시키자고 마음먹었을 때 스스로 극복해야 할 회의가 두 가지 있었다.

입시교육에 경쟁적으로 몰두하는 학교 현장에서 학교도서관(실)이 무슨 역할을 할 것인가. 도서실(혹은 열람실)이라고 해봤자 학급교실 밖에 따로 모여서 입시공부를 하는 독서실(실은 자습실)이 전부인 실정이 아닌가. 더 나아가 새벽부터 밤까지 자율학습을 시키다 보니 학교마다 '전 교실의 도서실화'(?)를 실천하고 있는 판에 별도로 무슨 도서관(실)이 필요하며 수험용 참고서 읽기에도 바쁜 판에 한가하게 무슨 책을 또 읽힌단 말인가. 공공 도서관의 열람실조차 대입(또는 취업) 수험생들에게 점령당한 처지에 진정한 의미의 학교도서관이 설 자리가 과연 있을까?

컴퓨터 보급과 인터넷 활용 덕분에 한국 사회는 이른바 정보화 시대에 단걸음에 뛰어들었다. 학생들은 컴퓨터로 게임을 하고 채팅을 하고 정보검색을 한다. 그들은 사이버 공간에서 휴식과 오락을 즐기며, 친구와 이성을 사귀고, 숙제와 시험공부도 한다. 그들의 관심권 안에 도무지 책이 끼어들 여지가 있을 것 같지 않다. 더구나 전자책의 개발로 컴퓨터 모니터 상에서 동영상과 음향까지 제공되는 독서가 가능하다는데 넓은 공간에 종이책을 쌓아놓고 읽으라고 하다니 시대착오적 발상이 아닐까?

나는 내 회의를 잠재우고 남을 설득할 수 있는 논리를 개발하느라 고심하였다.

나는 대학수학능력시험이 옛날 같이 단순 암기식 출제에서 벗어나서 독해력, 논리력, 판단력 등 고등정신기능을 측정하는 쪽으로 바뀌고 있음에 착안하였다. 긴 지문과 통합교과적 문항을 다루면서 학생들은 찍기식 수험 준비가 안 통하는 것에 곤혹감을 느끼고 있었다. 게다가 대학에서 수시모집의 비중을 높이는 바람에 심층 면접 또는 논술이 합격 여부에 결정적 구실을 하지만, 평소에 꾸준히 독서를 하지 않으면 이를 감당할 수 없음을 알았다.

컴퓨터니 정보화니 하는 말 앞에 지레 주눅 드는 구세대로서 나는 두 번째 회의를 깨기가 더욱 힘들었다. 그러던 중 기술과학 쪽에서 세계적인 석학이기도 한 지방 대학총장의 강연을 들을 기회가 있었는데 이분이 구원의 메시지를 주었다. 그는 대학에서 영어와 컴퓨터를 집중적으로 가르쳐서 졸업생 취업률을 최고로 끌어올렸음에도, 재학생들에게 많은 양의 독서를 의무적으로 부과하고 있었다. 취업용 서적이나 전공 기술 서적이 아니라 철학과 문학 등을 비롯하여 인문·사회과학

232

책읽기를 강조하였다. 그의 말인즉, 영어나 컴퓨터는 기능일 뿐이고 정작 경쟁력을 가지고 살아남으려면 콘텐츠를 개발해야 한다는 것이다. 독서하지 않은 사람은 기능의 달인은 될지 모르나 콘텐츠 개발을 위한 상상력과 창의력은 발휘하지 못한다는 것이 그의 지론이었다.

학교도서관 설치, 그 준비와 과정

1999년 9월에 내가 교장으로 부임한 화수고등학교는 개교 3년에 불과한 신설 학교였다. 도서실이라고 해서 10평짜리 교실 반 칸 공간에 1000여 권의 책이 있었지만 실은 작은 서고에 불과했다. 선호도가 떨어지는 소장도서도 문제지만 적은 수의 도서반원 학생이 점심시간에만 대출을 맡고 있어 하루에 고작 두세 명이 찾을 뿐이었다.

나는 궁리 끝에 능력과 열의가 있음직한 지도교사 두 사람을 고르고 그들을 설득하였다. 독서교육의 중요성과 학교도서관의 필요성을, 인성교육이나 창의성 교육이라는 원론에서부터 정보화 시대에 대비하고 수준 높은 인재 양성을 도모한다는 당위론까지. 그리고 그들이 사명감을 가지고 일하도록 격려하고 행정적 재정적으로 힘을 실어주기로 했다.

먼저 그들로 하여금 전국에서 이름난 학교도서관(실)을 견학케 하였다. 대학이나 공공도서관처럼 규모가 큰 도서관보다는 초·중·고에서 운영하는 소규모 도서관과 영세한 도서실을 눈여겨보도록 당부하였다. 그들은 각종 자료를 수집해 왔고, 나와 토론을 하면서 우리 학

233

교에 맞는 이상적 설계안을 여러 가지 만들었다. 그리고 이 설계안을 가지고 대학의 문헌정보학과 교수나 일선 사서들에게 자문했다. 이런 과정을 거쳐 채택되고 그 후로도 수정을 거듭한 끝에 현재 도서실의 윤곽이 잡혔다(그림1).

나는 우선, 놀고 있는 공간으로 도서실을 이전하여 숨을 고른 후 본격적인 설치와 운영으로 가기 위한 중간 단계를 밟았다. 학생 중심의 도서 동아리를 결성한다든가 전산화 프로그램을 채택한다든가 소장 도서의 데이터베이스 작업을 한다든가 바코드 스캐너 등의 기자재를 구입한다든가 하고, 도서실을 완전 개가식으로 매일 12시간씩 열어 놓는 체제를 시험 운영하면서 시행착오를 줄여 나갔다.

가장 힘들었던 대목은 학생들을 도서실로 끌어들이는 일이었다. 독서와는 담쌓고 지내던 아이들이 열람실을 만들고 12시간씩 문을 열어 놓는다고 도서실로 모여들 리도 없고, 생전 안 보던 책을 갑자기 보겠다고 대출받을 리도 없다. 어떻게 하면 도서실의 존재에 관심이 없는 아이들이 눈을 돌리고 책을 빌려 독서할 생각을 하도록 할 것인가. 나는 담당 교사들의 건의를 받아들여 도서실에 오는 학생들에게 막대사탕을 하나씩 쥐어주며 유혹하기도 하고 저녁까지 남아 책 읽는 학생들에게 컵라면을 제공하는 등 웃지 못할 작전까지 펼쳤다.

어느 정도 자신감을 얻은 나는 도서실 자리를 다시 물색하였다. 내가 보아둔 곳은 5층 건물의 2층 중앙, 남향에 있는 교무실이었다. 3개 교실을 통으로 쓰는 60평 공간으로 학교에서 가장 쾌적한 자리이자 학

그림1_ 화수고 도서실 배치도

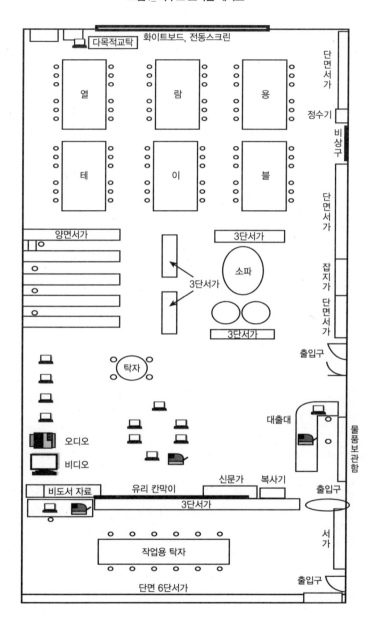

생들이 접근하기에 가장 편한 곳이었다. 나는 교직원들을 설득하여 부서별로 여러 개의 사무실을 만들어 분산 수용하고 이 탐나는 자리를 확보하는 데 성공하였다. 거기다 사서실 및 수서 작업을 할 방으로 10평 공간을 추가로 확보하였다.

운 좋게도 타이밍까지 맞아떨어졌다. 경기도 교육청과 교육부에서 학교도서관 활성화와 도서실 정보화 등을 정책적으로 밀기 시작한 것이다. 우리 학교는 학교도서관 선도학교로 지정되어 도교육청 또는 교육부로부터 전후 3차에 걸쳐 9000만 원 가량의 지원금을 받을 수 있었다.

도서관을 꾸미면서 전통적 학교도서관의 개념과 관행을 탈피하기 위한 몇 가지 다짐을 하였다. 구세대 경영자에게는 혁명적 패러다임으로 비칠 수도 있을 것이다.

첫째, 학생을 고객으로 모시자.

도서관(실)의 위치 선정 때부터 접근이 용이하고 동선이 짧도록 신경 쓴 것도 그렇지만, 그 밖에도 학생의 편의를 위한 세심한 배려가 있었다. 이를테면 학생들의 출입이나 대출에 있어 번거로운 절차를 줄여 바코드를 이용한 전산 처리로 단순화하고, 책의 분실과 도난, 훼손을 방지하기 위한 감시 시스템을 과감히 포기하였다. 훼손된 도서는 수리하고, 그도 안 되면 새로 구입하여 대체하였다. 1만 권 이상의 소장도서 가운데 1년간 분실된 도서가 30권 미만임을 확인하고 자신감을 얻었다.

둘째, 다목적 다기능화하자.

예전에는 서가에 책을 꽂아놓고 폐가식으로 하여 학생이 도서목록을 보고 대출 신청을 하면 뽑아다가 장부에 기록하고 빌려주는 것이 고작이었다. 그러나 우리는 도서실을 휴식처, 열람실, 정보검색실, 오디오/비디오 감상실, 프린터/복사기 이용실, 교수학습자료 공급소 등 다채로운 일상의 생활공간으로까지 확대하고자 했다.

셋째, 만인에게 열린 공간이 되도록 하자.

아무리 공간을 확보하고 시설을 갖춘다 하더라도 소장 도서가 사장되고, 기자재가 낮잠을 자는 등 정작 학생이나 교원들로부터는 외면을 당하는 닫힌 공간이 된다면 값비싼 낭비일 뿐이다. 나는 학교도서관(실)이 학교의 모든 구성원들이 가장 애용하는 곳, 가장 가고 싶은 곳이 되어야 한다고 생각했다. 학생 태반이 드나들게 할 뿐 아니라 교원 및 일반직원까지 내 방처럼 드나들게 하고, 더 나아가 학부모와 지역사회 주민들까지 고객으로 모시자고 생각했다. 그러면 구체적인 운영의 내역을 소개해 보기로 한다.

운영의 실제

가. 합리적 조직과 열정적 참여

무슨 일이나 그렇지만 도서관 운영도 사람이 첫째다. 먼저 전담 사서가 꼭 있어야 한다. 그리고 그를 지도하고 지원하는 조직이 합리적으로 구성되고 열성적으로 참여하여야 한다(그림2).

여기서 다음 몇 가지는 주목할 만하다.

첫째, 독서교육과 도서관 운영을 전담하는 '독서교육부'를 설치했다.

둘째, 운영위원회 안에 도서 소위원회를 두고 학부모 지원을 유도했다.

셋째, 학생 도서 동아리(책이랑)가 있어서 자원 봉사에 적극 참여했다.

넷째, 도서 동아리에서 〈책이랑〉이란 컬러판 타블로이드 8면짜리 독서신문을 계간으로 3년째 지속적으로 내고 있다.

특히 동아리 '책이랑'의 활동은 가장 대견하고 많은 기대를 갖게 한다.

나. 안락하고 쾌적한 독서환경

① 조도 측정 검사로 열람석뿐 아니라 서가 사이나 소파 등 학생들이 책을 읽을 수 있는 장소는 모두 400-500 럭스의 조명 시설을 확충하였고 눈에 편안함을 주는 부드러운 빛깔의 조명으로 교체하였다.

② 기존의 버티컬 블라인드 대신 두꺼운 광목 소재의 커튼을 달아서 창쪽 서가의 책이 햇볕에 변색되는 것을 방지하고, LCD 프로젝터를 이용한 수업을 할 때 차광 효과를 볼 수 있게 하였다.

③ 이용자들이 오랜 시간 앉아 있어도 피로감을 쉽게 느끼지 않도록, 딱딱한 나무 의자가 아니라 방석 달린 열람의자를 구입하였다.

④ 편안한 자세와 가벼운 마음으로 다가갈 수 있는 도서실을 만들기 위해 등받이가 있는 밝은 색의 10인용 소파와 육각형 소파 등을 배치하였으며, 남쪽 창가의 서가 사이에는 1인용 회전 등받이 의자를 두었다.

⑤ 독서에 익숙하지 않은 학생들이 도서실을 부담 없이 찾을 수 있도록 인기 만화 및 만화제작 관련 도서를 비치하였으며, '이 달의 책'

238

그림2_ 화수고 도서관 운영 조직도

'새로 온 책' '잡지가' '인기 대하소설' 등을 소파 주변에 마련하였다.

⑥여름과 겨울에도 학생들이 자주 찾아오도록 하고 실내의 습기를 제거하기 위해 냉·난방 시설을 완비하였다. 열람실에 대형 에어컨 3대, 사서실에 벽걸이 에어컨 1대를 설치하였으며 겨울 방학 중에도 도서실만은 가동할 수 있도록 난방장치를 하였다.

⑦정수기를 마련하여 독서 중에나 기타 회합 시에도 편리하게 이용할 수 있도록 하였다.

다. 도서실 기능의 다양화

①이용자가 능동적으로 참여할 수 있도록 개가식 운영을 하고, 다양한 디지털 자료실의 기능을 지니도록 하였다.

②교무실이 모두 교실 1칸 크기로 연구실화 되어 있어 도서실을 교직원의 회의나 연수 장소로 이용하고 있다.

③1학년 국어교과 재량활동시간(주 1시간 씩 12시간)과 창의적 재량활동(6개 반 3시간)에 교과 담당 교사들이 도서정보실을 이용한 독서지도를 체계적으로 실시, 교수–학습실로 활용하고 있다.

④방과 후 학생들이 자율적인 과제해결을 위한 학습 장소로 이용하고 있다.

⑤C.A. 시간이나 일반 교과 시간에 영상 자료를 감상 또는 지도할 수 있는 특별실로 이용하고 있다.

⑥쉬는 시간이나 점심시간 및 방과 후 학생들의 쾌적한 휴식공간으로서의 기능을 하고 있다(도서, 컴퓨터, 비디오, 오디오 등 이용).

⑦늘 열려 있는 정보자료실로서의 기능을 다한다. 평일에는 08:00-
21:00까지, 토요일에는 13:00까지 개방하며, 야간에는 독서교육부
교사 4명과 사서직원이 '책이랑' 도서동아리 회원들과 함께 당번을
정해 지도하고 있다.

라. 각종 자료의 지속적 확보

어느 한 분야에 치우친 독서활동을 지양하기 위해 분야별로 다양한
도서를 구비하며, 여러 교과 분야의 전문 사전도 갖춘다. 또 잡지, 신
문 등의 정기간행물과 CD, 비디오 테이프, 지도, DVD 등의 자료를
다양하게 구비한다. 이를 구입하기 위해서 예산 확보라든가 독지가
의 후원 등이 필요하였고 구성원의 다양한 지원 참여를 끌어내는 일
또한 요구되었다.

화수교의 경우 2002년도에 1816만 원을 단행본, 정간물, 비도서자료
등의 구입비로 예산에 반영하였다. 또한 학생, 교직원, 학부모 상대로
도서 및 도서상품권 기증 운동을 벌여 상당한 성과를 거두었다. 한편
학부모 및 지역 주민에게 도서실을 개방하고 독서 관련 행사시 참여
케 하며, 기회가 있을 때마다 수시로 홍보하여 도서실 발전 기금 조성
을 위한 운동을 지속적으로 전개하고 있다.

마. 다양한 기자재 구비

①컴퓨터 설치— 대출반납용 1대, 교육용 1대, 업무용 2대, 인터넷 검
색용 8대, 사전검색 겸용1대, 소장도서검색용 1대 등 모두 14대를

설치하였다.

②프린터 설치— 업무용 2대 외에, 학생들이 이용할 수 있는 카드식 프린터를 1대 설치하였다.

③기타 기자재 설치— LCD 프로젝터, 전동 스크린, 실물화상기, 오디오, 카드식 복사기, 스캐너, 디지털 카메라, DVD 등을 설치하였다.

바. 다양한 도서관 활용 프로그램

①국어과 재량활동 및 창의적 재량활동 시간을 이용하여 체계적이고 다양한 독서교육을 실시한다.

②교과협의회를 통한 교과 및 단원 관련 필독도서 및 권장도서를 선정, 도서실에 각 10권 이상 구비하며 독서결과를 수행평가에 반영하고 수업시간에 활용한다.

③영상, 사진 자료와 기자재의 활용도를 극대화하여 ICT를 이용한 도서실 수업이 활발하게 이루어지고 있다.

④도서동아리 '책이랑' 회원들이 타블로이드 8면으로 되어 있는 독서신문 〈책이랑〉을 연 4회 지속적으로 발간(2002년 12월 현재 11호)하고 있으며, 기타 교과별로 외국어신문(〈Hwasu Today〉), 음악신문, 미술신문 등을 발행하였다.

⑤도서실 홈페이지와 인터넷 카페를 이용하여 독서 의식 고취 및 의사소통을 활성화하고 있다.

⑥관련 행사로서는 우수독후감, 우수독서록을 선정하여 시상하고, 다독자, 다독학급을 표창하였으며, 책광고 그리기, 표어 짓기, 포스

터 그리기, 독서신문 만들기, 독서 퀴즈, 문학작품 만화로 그리기 등의 대회를 실시하였고 '시낭송의 밤'을 개최하였다.

⑦독서 동아리 회원이 아닌 일반 학생들로 클럽활동 '독서토론반'을 구성하여 연간 계획에 의거한 다양한 독서 활동을 전개하고 있다.

사. 기타 사항

①교과관련 도서목록 작성 배부

모든 교사에게 정기적 또는 비정기적으로 도서 추천을 받아 해당 도서를 구입 비치토록 하고, 교과 관련 도서목록을 작성 배부하여 학생들의 독서 지도 활동에 동참토록 한다.

②교사에게 다양한 정보 제공

교사들로부터 교과관련 도서 외에도 학급운영, 특별활동, 취미생활, 육아 등 개인적으로 필요한 도서까지 신청을 받아 다양한 정보와 자료를 제공함으로써 만족도를 높이고 있다.

③이용자들의 자기정보 관리

학생, 교사, 학부모, 주민 등 모든 이용자에게 고유 아이디를 부여하여 관리하고 있으며 인터넷 검색을 통하여 본교 도서실 소장 자료 및 대출·반납 상황, 자기 데이터, 희망자료 신청 등을 언제 어디서든 검색하고 관리할 수 있게 하였다. 학생의 경우 재학 3년간 대출한 자료 수와 자료명이 데이터로 누적되며, 교사와 학부모는 10년 이상 데이터화할 수 있다.

④학생, 교사 대상의 독서관련 강연회 및 연수 실시

학생 연 2회 이상, 교사 3회 이상 독서관련 강연회 및 도서실 홍보 및 이용법 연수를 실시하고 있다(표1).

⑤학부모 및 주민에게 도서관을 개방하여 무료대출을 상시 시행하고 있다. 아울러 주민 중심의 독서토론클럽 '어머니책사랑반'을 조직하여 공동독서, 독서토론, 독서관련강좌, 저자와의 대화, 독서기행, 문집발간 등을 지속적으로 실시하고 있다.

운영 효과

첫째, 좋은 학교도서관(실) 환경에 대한 학생들의 자긍심과 애교심이 증가하였다.

둘째, 도서실과 독서에 대한 교사와 학부모의 관심이 증가하여 독서량과 독서 시간이 늘면서 학생 또는 자녀에게 직접적으로 좋은 영향을 미쳤다.

셋째, 1일 평균 이용자 400여 명, 1일 평균 대출자 100명 정도로서 학생들의 자연스런 독서습관이 형성되었다. 이는 3학년들이, 도서정보실 이용이 어려웠던 전년도 수험생들에 비해 대학수시모집 면접에서 좋은 성적을 거두어 최종합격생 수가 현저하게 늘었고 진학하는 대학의 수준도 높아진 것과 무관하지 않다고 본다.

넷째, 도서 동아리 회원들이 점심시간 및 방과 후에 자발적인 봉사활동을 하여 협동심과 봉사심, 단결심이 증가하였다.

다섯째, 담당 부서 및 담당 교사가 있어서 향후에도 지속적이고 효율

표1_ 화수고 도서실 현황 (2002년 12월 현재)

구분	운영내용	현황
시설	위치	2층 중앙
	규모	열람실 3실(60평), 사서실 0.5실(10평)
	열람석 수	72석 외 소파 3종, 간이의자, 원탁 등
	수용인원	120명
자료	단행본 수	1만 500여 권
	정기간행물	잡지 35종, 신문 5종
	기타 자료	CD 176종, 비디오테이프 218종, 지도 21종
정보화 관련	전산화 프로그램	책꽂이 2000
	컴퓨터	대출반납용 1대, 교육용 1대, 업무용 2대, 인터넷검색용 8대, 사전검색겸용 1대, 소장도서검색용 1대(총 14대)
	프린터	업무용 2대, 학생용 1대(총 3대)
	기타 기자재	LCD프로젝터, 실물화상기, 오디오, 복사기, DVD, VTR, 스캐너, 디지털카메라
	담당자	도서실 담당교사 1인, 사서직원
담당인원	도우미 학생 수	22명(3학년 제외)
	운영방식	개가식
운영	운영시간	평일 08:00-21:00, 토요일 08:00-13:00
	1일평균 이용자 수	400여 명
	1일평균 대출자 수	100여 명
	1일 도서실 이용 수업	1학년 단체수업 및 각 교과별 필요시 이용 (1일 평균 4시간 이용)

적인 운영이 가능하다.

여섯째, 21세기 정보화 시대를 주도하는 디지털 정보습득과 독서교육의 기능을 모두 갖춘 도서실 모형 구안으로 사회문화적, 교육적으로 선도적 역할을 수행할 수 있다.

마무리말

화수고 학교도서관(실)의 시설과 운영에 긍정적인 평가가 이뤄지면서 교장 또는 독서부장과 사서는 바쁜 나날을 보냈다. 광주광역시 초·중·고 교장 및 운영위원장 전체를 상대로 강연을 한 데 이어, 인천광역시와 경기도 등의 각급학교 교장들을 소집한 자리에서도 사례 발표를 하였다. 지역교육청 단위의 강연 요청도 다 수용하기 어려웠다. 교육부와 국정홍보처 같은 정부기관과 교육청으로부터 격려를 받고, 서울에서 제주까지 각처의 학교에서 견학 요청이나 자료 제공 요구가 끊이지 않고 있다.

화수고 학교도서관이 이렇게 주목받는 것 자체가 우리나라 학교도서관의 현주소를 보여주는 것으로 어찌 보면 부끄러운 일이기도 하다. 대규모 전문 도서관이 아니라 교실 2,3개를 터서 만드는 학교도서실 특성상 화수고 도서실이 그 모델이 된 점은 인정하지만, 우리나라 학교 교육이 그동안 도서관 설치 운영 또는 독서교육에 너무 무심했음을 입증하기 때문이다. 앞으로는 도서관(실)이 학교 교육 활동의 중심이 되고 공교육 살리기의 돌파구가 되기를 기대한다.

정부와 교육청은 물론 지자체, 그리고 지역사회교육협의회 같은 민간단체나 학부모 단체, 시민단체 등이 학교도서관 살리기에 힘을 모으고 있으므로 전망은 밝다. 전담 사서 확보라든가 시설 투자에 그치지 말고 실질적 효과를 거둘 수 있도록 운영의 노하우를 축적하는 일이 중요하다고 본다.

246

독서이력철 갈등의 해법은 없는가

갈등의 현주소

2004년 10월, 교육부는 교육혁신위원회의 제안을 받아들여 '2008학년도 이후 대입제도 개선안'을 발표하였다. 여기엔 고등학교교육 정상화라든가 사교육비 경감 같은 현안을 해결하기 위한 방안으로 내신 강화, 수능 등급제 등과 더불어 이른바 독서이력철의 도입이 포함되어 있었다. 어느 나라에도 없는 독서이력철이란 낯선 제도의 도입을 놓고 그동안 찬반 논란이 적지 않았다. 지난 9월 7일 교육혁신위에서는 논란을 끝내겠다며 독서이력철 도입안을 최종심의 의결했다고 발표했지만 독서이력철을 둘러싼 찬반 논란은 오히려 부쩍 늘고 있는 듯하다. 시·도교육청과 교총 및 소수의 독서운동단체에서 찬성 또는 긍정의 신호를 보내는 반면, 태반의 시민단체와 전교조 등 교원단체에서는 격렬한 반대 목소리를 내고 있다. 교사와 학생, 학부모 사이에서도 찬반 의견이 나뉜다. 그러다 보니 정부와 관에서는 밀어붙이고 시민단체와 교원노조에선 죽기 살기로 저항할 것 같은 불안한 분위기가 감돌았다. 그 결과 대입제도의 개선 방안은 물론이고 일선 학교의 교육과정 운영조차 오랜 기간 표류할 위험성도 없지 않다. 얼마 전까지 고등학교에서 독서교육과 도서관운동에 남다른 관심을 기울였던 퇴직 교장으로서, 한 걸음 물러난 홀가분한 위치에서 상황을 정리하고 의견을 제시하고자 한다. 추진과 반대 양편에 선 이들이 선입관 없이 읽고 참고해 준다면 더할 나위 없는 보람으로 알겠다.

두 마리 토끼인가

교육인적자원부에서 낸 교육정책 연구보고서 「고등학교 독서교육 활성화 방안」(노명완)을 보면, 보고서의 주제를 '고등학교 독서교육 활성화 방안'과 '고등학생 독서이력철의 대입 전형 자료화 방안' 두 가지라고 밝히고 있다. 보고서 명칭과 동일한 앞의 것이 표면주제이고, 뒤의 것은 감추어진 이면주제라고 볼 수도 있을 법하다. 어쩌면 명분주제와 실질주제라고 할는지도 모르겠다. 이 보고서가 나온 배경을 생각하면 교육부에선 후자에 더 큰 비중을 둔 듯 보이는데 갈등의 씨앗은 여기서부터 잉태되지 않았을까 싶다.

추진하는 쪽에서는 후자 즉 독서이력철의 대입전형 자료화에 비중을 두고 있고 정책 의도 또한 후자의 제도화요, 전자 즉 독서교육 활성화는 이 제도의 설득력을 높이기 위해 동원되고 있다는 느낌이다. 한편 반대하는 쪽에서 보면, 후자는 관심 밖이다. 다시 말하면, 추진하는 쪽에서는 당장 정책적으로 아쉬운 것, 전시효과도 거둘 수 있는 제도로서 독서이력 반영을 대입전형 개선이란 급한 정책의 지렛대로 삼

248

고 싶어 한다면, 반대하는 쪽에서는 독서교육 활성화야말로 근본적이고 시급한 문제인데 정부당국의 문제 인식이 미봉적이고 안이하다고 여기는 것이다.

그렇다면 독서활성화와 독서이력 대입 반영은 하나를 위하여 다른 하나를 포기해야만 하는 양립불가의 관계인가? 가볍고 무거움의 차이는 있을지언정 학교에서 독서교육을 활성화하자는 데 이의가 있는 사람은 없을 것이다. 또 현재의 대입제도가 공교육을 무력화하는 것은 물론 국가 사회적으로 유용한 인재를 선발하고 육성하는 데 심각한 취약성이 있다는 것, 그래서 교과 영역 외에 다양한 비교과 영역을 대입에 반영해야 하겠다는 것, 또 그 다양한 비교과 영역 가운데 제대로만 할 수 있다면 독서이력을 반영하는 것이 바람직하겠다는 것에는 어느 쪽도 이의가 없을 줄 안다. 그러므로 이 두 가지가 양자택일의 것도 아니요, 따라서 이 두 가지를 성취하는 것이 두 마리 토끼를 잡으려는 무모한 짓이 아니라는 데 동의해야 할 것이다.

미더운 진단과 미덥지 않은 처방

앞에서 말한 바와 같이, 독서교육 활성화와 독서이력의 대입 반영이란 큰 범주가 논의의 핵심이 되어야 하는데 현실은 그렇지 못하다. '독서이력철 제도화'가 공교육 정상화(독서교육 활성화)나 대입제도 개선(독서이력 반영)의 본질을 압도해 버렸다는 인상이다.

병든 공교육에 대한 교육당국의 진단과 처방은 이렇다. 정상적인 학교교육은 전인교육이요 창의성교육이요 자기주도적 학습능력 배양 교육이어야 하는데 대입 준비에 짓눌려 이런 교육이 외면당하고 있다, 대학 입시도 객관식 문항 출제에 편중되어 고등 사고력 등 진정한 수학능력을 평가하는 데 한계를 드러내고 있다, 지적 영역 외에 소질이나 적성을 평가받지 못하고 선발된 학생들이 입학 후 진로에 갈등을 심하게 겪는 것도 고교 교육과 대입 제도의 결함 때문이다, 당국은 바로 이런 문제들을 해결하기 위해서 독서이력철을 제도화하여 공교육을 정상화(독서교육 활성화)하고 대입제도 개선(독서이력 반영)을 이룩하겠다는 것이다. 여기서 걸림돌은 '독서이력철'이다. 진단은 옳지만, 처방이 왜 하필 '독서이력철'이어야 하느냐는 것이다.

그러면 이제, 어른들이 정해준 책을 매뉴얼에 따라 억지로 읽히고 그 결과를 평가하여 기록으로 누적하는 독서이력철이 독서교육 활성화에 유용한가, 대입선발 전형의 자료로 유효한가를 따질 차례이다.

먼저, 독서이력철이 독서교육 활성화에 과연 기여할 수 있을까를 따져보자. 모름지기 청소년기의 독서란 호기심과 모험심에 돛폭처럼 부푼 가슴을 안고 지성과 정서의 바다를 종횡무진 항해하는 것이라 한다면 너무 낭만적인 비유일까? 아파트 단지 내 공원에서 길든 애완동물처럼 맴도는 아이가 아니라, 수풀 우거진 들판에서 야생동물처럼 뛰노는 아이로 키울 때, 규격화한 인재가 아닌 창의적 인재, 전인적 인재가 나오는 것이 아닐까. 획일적인 독서 강요가 독서활성화로 이어질 리도 없지만 설사 가능하다 해도 그것은 비교육적이요 비문화적이다.

250

더구나 독서에 대한 전문성이 없는 교사들이 학생들을 지도하고 평가하는 일을 감당할 수 있다고 보는가. 독서활동 기록은, 같은 비교과 영역이라 하더라도 봉사활동의 시간을 적는 것이나 체력장 등급을 적어 넣는 것과는 근본적으로 다르다. 독서 경향과 이해 수준 등 주관적 평가가 불가피한데 결국 교사들에게 부담만 주고 기록은 부실해져 이력철에 대한 공정성과 신뢰성이 떨어지고 말 것이다. 공정성도 신뢰성도 없는 기록이라면 대학에서 입학 전형에 반영하려 할 것인가. 반영하라고 한들, 교과영역의 내신 성적조차 못 미더워 실질 반영률이 하향 조정을 거듭하는 판에 독서이력철이 얼마나 유효할 것인가.

결국 독서이력철은 독서활성화에도 기여하지 못하고 대입전형에서도 외면당할 것이 거의 확실하다.

대안은 없는가

그렇다면 당국에서 공교육정상화와 대입제도개선을 위하여 마련한 독서 아이템은 도무지 구제불능으로 폐기되어야 하는가 하는 의문이 남는다. 앞에서 동의를 구했던 것처럼, 독서교육활성화와 독서이력 대입반영이란 두 주제가 우리 교육의 목표나 과제로서 충분히 가치가 있다고 본다면, '독서이력철'이란 제도를 몽땅 폐기하더라도 대안을 통하여 이 목표, 이 과제는 수행되어야 할 것이다.

먼저 당국에 권고하고 싶은 것이 있는데 예의 두 가지 주제(목표) 가운데 주종 선후를 가리자면, 독서교육 활성화를 주와 선으로 하고, 독서이력 대입전형 반영은 종과 후로 자리매김을 하고 보자는 것이다. 교육부 쪽에서도 그렇고 학교 현장에서도 그렇지만, 우리 중등교육에서 학교도서관 설치나 독서교육에 본격적으로 나선 것이 채 5년을 넘지 못한다. 지역차도 크지만 같은 지역에서조차 인적, 물적 독서환경의 격차가 엄청나다. 그러기에 독서교육의 기반 조성책으로서 도서관 시설 구비와 장서 확보, 사서 배치 등에 먼저 힘을 기울여야 한다. 독서환경의 평준화가 전제되지 않은 채 대입 전형에서 독서 이력을 반영한다는 것은 형평성이 생명인 입시에 심각한 결함을 안겨주는 것이다. 백년대계라는 교육에서, 2007년도 실시라는 시한까지 정하고 밀어붙이는 식의 졸속주의라면 더욱 위험하다.

그러면 독서활동 결과(독서이력)를 대입에 반영하는 것이 현재로서는 불가능한 것인가. 내신 교과 성적이나 수능 성적처럼 계량화하기는 어렵더라도 학생의 독서 이력 반영은 대학 입학 후의 수학능력을 담보하기 위해서도 매우 필요하다. 그렇다면 대학이 나서서 반영하면 된다. 독서이력철이 아니더라도 대학이 마음만 먹으면 현재의 제도 안에서 독서활동 결과를 평가할 수 있는 길은 있지 않은가. 우선은 심층면접이나 통합형 논술 같은 방법으로도 불가능할 게 없지만, 좀더 신뢰할 수 있는 정교한 평가 도구가 필요하다면 대학이 알아서 개발하도록 하면 된다. 교육부에선 행정적 재정적 인센티브로 지원하고 나머지는 대학이 나서서 할 일이다.

평가를 제도화하여 독서교육 활성화를 부추기겠다는 발상은 어느 정

252

도 약이 될 수도 있지만 독으로 작용할 개연성이 훨씬 더 크다. 여러 기회에 밝힌 바 있지만, 나는 이력철 같은 궁색한 제도 없이도 학교도서관의 공격적 운영을 통하여 학생의 자율적 독서 붐을 성공적으로 일구어 낸 실천 사례를 가지고 있다.

다음은 권장도서(필독도서, 추천도서) 목록을 만드는 문제이다.

스승이, 어른이 자신의 독서 경험을 토대로 하여 제자에게, 미성년자에게 이런 책을 읽어보아라 또는 이런 책은 읽지 말아라 하고 조언하는 것은 극히 자연스럽고 필요한 일이다. 그러나 이것을 국가 수준 또는 교육청 수준으로 획일화하는 것은 대단히 위험한 발상이다. 참으로 지혜로운 스승이라면 같은 또래의 제자 열 명을 놓고라도 그들의 지능, 적성, 감수성, 흥미 등을 고려하여 각기 다른 도서를 추천해야 맞다. 하물며, 나이나 학년이 비슷하다 하여 같은 도서를 읽히고자 한다면 이는 한참 무리이다.

획일적인 교과서, 획일적인 교육과정, 획일적인 교수방법— 획일주의 교육은 이쯤에서 그치게 하자. 초등학교는 교양독서, 중학교는 교과독서, 고등학교는 진로독서 또는 고1은 교양독서, 고2는 교과독서, 고3은 진로독서 따위의 도식적 도서 권장도 어처구니가 없는 짓이다. 굳이 하려고 한다면, 상품의 품질인증제처럼 인증 도서 마크라도 붙여 무제한으로 인증하는 것이 옳다고 본다. 나이나 학교급별 또는 학년별 분류를 참고로 덧붙일 수는 있겠고, 진로독서를 위해서라면 십진분류와 더불어 '역사학계열, 공학계열' 같은 식별 표지標識를 병기해도 무난할 것이다. 이 방식이 사교육에 이용당하거나 출판업자의 상업주의에 놀아나지 않도록 하는 안전판이기도 하다고 믿는다.

언급하고 싶진 않았지만 말이 나온 김에 독서인증제에 대해 한마디 하겠다. 독서 권장을 위한 궁여지책으로 생각해낸 악의 없는 방편으로 양해는 하지만, 이것은 독서의 본질을 심히 왜곡하는 일이다. 독서를 주산이나 타자 급수처럼 계량화할 수 있는 기능으로 보는 것이 아니라면 방법을 재검토해야 한다. 6,70년대 유행했던 자유교양경시대회는 그나마 제한적인 순기능도 있었지만, 독서인증제는 그보다 역기능이 훨씬 많을 것이고, 다른 의도로 악용될 여지도 적지 않다.

독서이력철 제도화에 부수되는 사항으로 간주되기 때문에 더욱 그렇겠지만, 독서지도 매뉴얼이나 독서지도 자료집도 반대 여론이 만만치 않다. 그러나 독서교육을 교육과정에 넣어 공식화한다면 교사용 지도지침서로서 독서지도 매뉴얼은 필요하다. 교육부가 하든, 교육청이 하든, 단위학교가 하든, 또는 전문가 개인이 하든 당연히 제작 보급해야 할 필수물이다. 다만 글자 그대로 참고 자료에 그쳐야지 타율적 강요가 있어서는 역효과를 낼 수도 있음을 명심해야 한다. 최선책이라면 사서교사의 대량 임용으로 풀어가는 것이 순리이나 그것이 어렵다면 교사 재교육 때에라도 독서지도를 강좌에 반드시 넣도록 하는 것이 차선책이 될 수 있다.

앞으로의 과제

독서이력철 제도화가 무산된다 하더라도 이번 일은 정부와 학교 및 사회에 독서교육의 중요성을 깨우치는 좋은 기회가 되었다는 데 의의가 있다. 조사자(노명완)의 결론처럼 독서교육 활성화에 학생, 교사, 학부모 등 모든 교육가족들이 동의하고 있음을 확인한 것도 소득이었다. 또 이들은 아동이나 학생들에게 자율적으로 독서를 권장하는 데 한계가 있으므로 제도화 등 어느 정도 강제된 독서교육 제도가 필요하다는 데 공감대를 가지고 있음도 알았다. 그렇다면 정부나 교육청은 극심한 반대 여론에 대해 막무가내 식으로 돌파하려 하거나 '아니면 말고' 식으로 발을 빼거나 할 것이 아니라 독서이력철의 문제점을 털어낸 독서교육 활성화 대책을 모색하기 바란다. 대입 반영 제도화도 대학자율에 맡기는 것이 성에 안 찬다면 당사자인 대학 교수와 고등학교 교사 및 시민단체 대표 등으로 협의체를 만들어 시간을 두고 연구하여 누구나 수용할 만한 대안을 찾도록 할 일이다.

사람은 공간을 만들고 공간은 사람을 만든다
— 학교도서관과 행복한 공간 이야기

들어가기

어느 중학교 교장이 굳이 당신네 학교도서실을 한번 와서 봐 달라고 초청했다. 빈민가에 자리한 작은 중학교였다. 도서실에 가니 책은 많지 않으나 그런대로 아기자기하게 꾸며 놓았다. 그런데 이 도서실은, 통상적 도서관의 분위기라기보다는 시골 사랑방 같았다. 맞벌이나 외짝 부모 밑에 있는 아이들은 하교 후에도 마땅히 갈 데가 없었다. 집은 텅 비고 가난한 거리엔 놀거나 즐길 만한 시설이 없다. 교장은 갈 곳 없는 아이들을 위해 도서실을 만들고 거기에 온돌을 깔고 책과 텔레비전과 비디오를 갖추었다. 그러자 아이들은 수업이 끝나도 학교를 떠나지 않고 도서실에서 뒹굴고 책 보고 텔레비전 보며 시간을 보냈다. 답답하면 운동장에 나가서 한바탕 뛰다가 다시 도서실로 들어왔다. 그러다가 부모가 귀가할 시간에 맞추어 도서실을 떠났다. 그들에게 도서실은 쉼터요 놀이터요 독서실이요 사교장이요 때론 침실이기도 했다.

나는 학교도서관을 모두 이런 식으로 만들어야 한다는 생각은 없지

257

만, 적어도 어디 한 군데쯤은 이런 공간이 필요하다고 생각했다. 공간이 주는 문화적, 정서적 또는 정신위생적 의미를 실천하고 싶었다. 그래서 화수고등학교 학교도서관의 부속실로 '책사랑방'이라 이름 붙인 서당식 교실을 만들었다. 다음 글은 편집자의 부탁으로 당시 교지에 실었던 글이다.

교실에서 방 문화를 그리워하다

아파트 비중이 절대 우위를 차지하는 도시 생활에 있어서조차 우리 주거 공간에선 방房이란 관념이 깊이 뿌리를 내리고 있다. 다방, 복덕방으로 시작된 방 문화는 영악한 상혼에 힘입어 노래방, PC방, 빨래방, 소주방, 아가방, 게임방, 비디오방, 찜질방 등 끝없이 불어났다. 실室이란 점잖은 글자도 있고, 룸room이란 신식 말도 있건만, 얼마쯤은 촌스럽고 구식인 '방'이 왜 이렇게 위세를 떨치고 있을까?

'방'이라고 부르고 그 말을 듣다 보면 이 촌스럽고 서민적이고 예스러운 낱말의 말맛이 우리에게 부담 없고 친숙한 느낌, 어딘가 만만한 느낌을 준다는 것을 알게 된다. 나는 근대화 바람과 함께 우리 곁으로 다가온 '학교'라는 것이 서양식과 일본식의 짬뽕이 되어 우리의 고유한 정서를 담지 못함을 늘 안타까워했다.

먼저 바닥에 다리를 포개거나 뻗고 앉는다든가 숫제 등이나 배를 깔고 생활하던 우리의 황토방 또는 마루 공간이 그리웠다. 방의 구들장은 여름에는 시원하고 겨울에는 따끈따끈하여 지친 몸을 잘도 보듬

258

어 주거니와, 목제 마룻바닥까지를 포함하여 인체의 생리적 친화력이 놀랍다. 조상의 지혜와 천 년을 대물림한 풍속은 맞춤옷처럼 편하다. 그런데 황토벽 대신 콘크리트 벽에 가두고 한지의 친근한 창호 대신 냉랭한 투명유리창을 바라보며 시멘트 바닥과 철제 책걸상에 몸을 맡기고 사는 이 '교실'에서 학생들에게 어른들이 강요하는 짓거리는 고문에 버금가는 거 아니던가.

글방, 그 그리운 학습 공간

나는 우리의 '방'을 안방, 사랑방, 글방으로 삼분하여 그들 공간의 개성을 설명하고자 한다.

안방마님이란 말이 있지만, 안방은 본래 안주인의 생활공간이다. 양반집이라면 더 심하지만, 여기는 원칙적으로 금남의 공간이어서 가족이라도 시아버지, 시삼촌은 드나들 수 없고, 남편조차 예고 없이 불쑥 찾아드는 것을 망측스럽게 여겼다. 안방은 아낙네가 바느질하고 어린애 키우는 곳이기도 하지만 보다 은밀한 이미지를 간직하는 닫힌 공간이다.

안방과 반대로 사랑방은 열린 공간이다. 남자라면 동네 사람 누구나 찾아올 수 있고, '아랫것들'이라면 남녀 가릴 것 없이 드나든다. 때로는 손님을 맞이하는 응접공간이고, 심지어는 잘 데 없는 나그네가 찾아들어 하루 이틀쯤 묵어갈 수도 있는 인심 좋은 민박시설이었다.

글방은 서당을 가리키는 학습공간이다. 거기에선 천자 책을 읽는 코홀리개부터 주역, 시경을 읽는 아기 아버지 학생까지 수준별 개별학습을 받는다. 훈장은 때로 근엄하기도 하고 권위적이기도 하지만, 〈서당도〉에서 보듯이 훈훈한 인간미가 기본 정서였다.

숙제를 안 해 온 학동의 종아리를 때리기도 하지만, 때론 짓궂은 학동들의 장난에 골탕 먹어 주어 그들을 즐겁게 하고, 골탕 먹은 화풀이로 오히려 제자들의 재미를 배가시키는 캐릭터가 훈장이다. 글방은 배우고자 하는 이들에게는 무한히 열린 공간이지만, 그렇지 않은 사람에게는 '관계자 외 출입 엄금'의 닫힌 공간이기도 하니까 안방과 사랑방의 절충적 성격을 가지고 있는 점이 특징이라 할 것이다.

책사랑방에 똬리 튼 글방문화

바닥은 온돌을 깔고, 창호는 완자창 무늬에 한지를 발라라, 벽도 콘크리트를 가리고 한지를 바르자. 천장에도 형광등, 그 창백하고 차디찬 조명 대신 태양빛을 닮은 백열등을 달아 은은한 지등紙燈 분위기로 위장하라. 옻칠로 다듬어진 목제 문갑과 사방탁자를 들이고 백자 화병에 난초 화분도 두어 개 놓아라. 손때 묻은 고서 서너 책도 놓여야 하겠고 붓걸이도 눈에 띄었으면 좋겠지. 훈장용 탁자와 학생용 책상은 전통공예 방식으로 주문하고, 훈장 자리 뒤에는 여덟 폭 병풍, 맞은편 벽에는 시골 풍경을 담은 풍속화라도 걸었으면 십상이겠지. 벽장식으로는 훈장의 체취가 뱄음직한 검은 갓과 장죽, 그리고 청소년의 비상하는 꿈을 상징하는 방패연이라도 매달았음 좋겠네. 커튼이 필요하다면 표백이 덜 된 광목이나 당목의 후덕하고 정겨운 모습이면 어떨까. 아하, 툇마루를 깔았으면 더 좋겠다고? 그야 금상첨화지! 그런데 21세기 글방다운 액세서리가 없을 수 없잖나. 그래서 첨단 디지털 기기로 PDP라나 뭐라나 그런 것도 하나 병풍 뒤에 숨겨 놓기로 했다. 텔레비전, 비디오, 오디오 등 여러 기능을 고성능으로 수행하는 신통한 놈을 모셔오기 위해 기백만 원 기꺼이 투자하는 거다. 여기서 수업도 하고, 독서도 하고, 동아리 활동도 하고, 회의도 하고, 음악 감상이나 영화 감상도 하고, 전통차 시음도 하고, 그리고…그리고…다리 뻗고 털버덕 주저앉거나 등 대고 큰대자로 드러누워 쉬거나 놀거나 편할 대로 해 보아라.

당호를 '책사랑방'이라 써 붙이니, 책을 사랑하는 이들의 방이기도 하고 책을 읽는 사랑방이기도 한 중의적 용법이다.

공간이 사람을 만든다

"사람은 책을 만들고 책은 사람을 만든다"는 독서 격언을 패러디한 "사람은 공간을 만들고 공간은 사람을 만든다"는 명제가 성립할까? 적어도 우리의 생활공간이 우리의 정서를 지배하고, 의식을 간섭하고, 어쩌면 사상에까지도 영향을 미친다는 생각이 황당한 가설만은 아닐 것이다. 우리가 유·소년기를 산촌에서 보냈는가, 해변에서 보냈는가? 혹은 공원 같은 정원에 옥외 풀장까지 갖춘 대저택에서 사는가, 좁아터진 다락방에서 월세를 사는가? 이런 것이 왜 우리 성격 형성 내지 인생관에 영향을 주지 않겠는가. 그 연장선상에서 볼 때, 청소년기에 태반의 시간을 보내는 학교의 교정과 교실이 빌딩 숲처럼 삭막하고 무미건조한 경우와, 꽃과 나무가 어우러지고 꿈과 자유가 둥지를 튼 경우는 생애의 밑거름으로서 큰 차이가 날 법하지 않은가. 화수고등학교는 도서관에서, 소극장에서, 책사랑방에서 이런 개념들을 시험 삼아 시늉해 보고 있다. 그것은 정말 시늉에 불과하다. 그러나 우리의 이런 시도는 지금 한창 공사가 진행 중인 다목적관이 완공되는 날, 보다 그럴 듯한 모습으로 다가올 것이다. 공간 문화 개선을 위한 우리의 행진은 계속될 것이다.

(화수고 교지 〈화수촌〉 4호에서)

존경하는 교장선생님께

존경하는 교장선생님!

미처 뵙지도 못한 사람으로서 이런 글을 올리는 것이 무례가 안 될지 모르겠습니다. 교장선생님께서는 30여 년을 교직에 계시며 곧 환갑을 치르실 것으로 알고 있습니다만, 저도 40년 가까이 교육에 종사하고 퇴직한 사람으로서 교장선생님과 대화가 통할 것 같아 이렇게 실례를 무릅씁니다.

말도 많고 탈도 많은 한국 교육계에서 산전수전 다 겪고, 이제 머지않은 정년을 생각하면 온갖 상념이 교차하시겠지요. 조기유학, 사교육 열풍, 특목고 문제, 평준화제도, 대입제도, 학원폭력, 집단따돌림, 교원노조 갈등…. 뭐 하나 시원하게 해결된 것도 없는데 제도와 정책은 빈번히 바뀌고, 학생과 교사와 학부모는 덩달아 우왕좌왕합니다. 6차니 7차니 교육과정은 학교 현장을 곤혹스럽게 하면서 거듭 바뀌는데 적응하느라 갈팡질팡하다 보니 다시 8차가 나온다 합니다.

핵실험이니 6자회담이니 하며 남북관계도 불안하고, IMF 경제를 졸업했다고 하나 WTO 가지고 떠들던 것이 엊그제 같은데 요새는 FTA

가 어떠니 저떠니 하면서 부동산 열풍까지 가세하여 국내경제는 왜곡되고 경기는 풀릴 기미가 없습니다. 게다가 정치는 실종되고 정부에 대한 신뢰는 땅에 떨어진 처지에 여야 갈등은 끝이 없습니다. 이런 우울한 상황에서 희망이 될 것은 교육이고 기댈 곳은 학교요 교원인데 우리 교육이 희망이 되고 있습니까, 우리 학교 우리 교원이 과연 신뢰를 받고 있습니까? 생각하면 답답할 뿐입니다.

인성교육을 말하고 전인교육을 논하면서 우리 교육이 걸어온 길은 주입식 지식교육이요 입시중심 주지교육이었음을 누구도 부인할 수 없습니다. 특기적성교육은 구호일 뿐 진로모색의 기회는 원천적으로 차단당하고 있습니다. 요즘 학생들은 자기 적성이나 소질이 무엇인지 모릅니다. 자기가 무엇을 좋아하는지도 모릅니다. 자기를 알 기회를 주지 않아서입니다. 여행을 하며 자연을 배우고 인간을 경험한다든가, 다양한 체험을 쌓으며 자기를 시험하고 봉사활동을 통하여 더불어 사는 삶의 보람도 누려야 할 텐데, 대학에 볼모잡힌 붕어빵 교육으로는 도무지 진로교육을 할 틈조차 없습니다.

수련활동이니 소풍이니 수학여행이니 축제니 이런 것들은 면학분위기를 해치는 공적으로 취급됩니다. 동아리 활동조차 백안시합니다. 부득이 해야 할 때는 면피용으로 찔끔 하거나, 시늉만 냅니다. 수련활동은 물론 수학여행조차 1학년에서 끝내버리고 축제는 3년에 한 번 하기도 힘듭니다. 칸칸이 막힌 좁은 우리에 옴짝달싹 못하게 가두어 놓고 키우는 공장형 농장의 소 사육이나 케이지 양계처럼 우리는 아이들을 벌집 같은 교실에 가두고 사료 대신 지식을 퍼 먹이는 수용

264

소 교육을 하고 있지는 않나요? 창의성이란 놈이 행여 불거질까 방수처리 하듯 꼼꼼히 구석구석 막아놓고 오로지 모범답안 교육, 점수 따기 교육, 인스턴트 교육만 하고 있지는 않나요?

교장선생님! 21세기는 창의력으로 승부하는 지식기반사회라는데 이런 풍토에서 과연 국제경쟁력이 있는 창의적 인재가 나온다고 보십니까?

존경하는 교장선생님!

저는 교육자로서 지난 세월을 생각하면 부끄러운 점이 많습니다. 아마 교장선생님께서도 앞에 말한 잘못된 교육에 휩쓸려 살아온 세월에 대해 마음이 편치 않으시리라 믿습니다. 양심적인 교육자라면 누구나 그럴 것입니다. 제자를 사랑하고 나라를 걱정하는 교육자라면 왜 안 그렇겠습니까? 그렇지만 이것이 우리 교원들만의 잘못이라곤 누구도 말 못할 것입니다. 우리가 생각이 짧아서 그런 과오를 저지르고 있다고도 하겠지만, 알고 보면 학부모나 사회가 우리를 그 쪽으로 몰고가는 측면이 분명 있습니다. 우리가 버티고 저항할 여지도 없이 그렇게 교육하도록 우리를 압박했고 우리로선 불가피했다고 봅니다. 그렇다고 언제까지나, 우리는 결백하다고 발뺌만 할 수는 없지요. 불가항력이었다고 해서 면죄부가 주어지는 것도 아니라고 봅니다. 늦었다고 생각할 때가 가장 빠른 때라고, 이제부터라도 바로잡아야 합니다. 어떻게 바로잡느냐고요? 여러 가지 방법이 있지만, 저는 여기서 학교도서관 한 가지에 국한하여 말씀드리고 싶습니다.

실은 제가 얼마 전에 교장선생님이 계신 학교의 선생님과 학부모로부터 상담 요청을 받았습니다. 벌써 눈치 채셨겠지만, 선생님은 도서관 담당이고 학부모는 도서관 도우미입니다. 교육에 관해서, 학교도서관에 관해서 저와 의논하다가 교장선생님에 대한 불만이 나왔습니다. 학부모와 부하직원이 교장선생님을 험담했다고 생각하면 노여우실지도 모르겠고, 더구나 일면식도 없는 제가 주제넘게 교장선생님께 이래라저래라 간섭한다고 오해하시면 심기가 불편하실 듯해서 저역시 난처하기 이를 데 없습니다. 그러나 제가 몇 번이나 망설이다이 글을 쓰기로 작정한 것은, 더구나 공개적으로 말씀드리기로 한 것은 앞에서 이미 밝힌 바와 같이 우리 교육의 위기를 함께 고민하자는 충정에서입니다. 그리고 제가 교장선생님에 대해 간접적으로나마 들은 바로 미루어 볼 때, 교장선생님 만한 인격이라면 제 충언을 허심탄회하게 받아들이시리라 믿기 때문입니다.

먼저, 교장선생님께서는 학교도서관 활성화에 대해 부정적인 태도를 견지하신다고 들었습니다. 이유인즉, 학교수업과 보충수업, 야간자율학습, 이어서 학원 수강이나 과외로 입시공부에 바쁜데 어느 세월에 한가하게 도서관에 들어앉아 있으며, 교과서와 참고서 보기에도 버거운데 무슨 여가에 도서관 책을 빌려 보겠느냐고 하셨다지요. 체면상 도서실을 없애지는 못할망정 거기에 예산 쓰고 사람 쓰는 것은 낭비에 불과하다고요.

구구절절이 옳은 말씀입니다. 교사, 전문직, 교감, 교장을 고루 거치며 그 바닥에서 잔뼈가 굵은 제가 왜 그 사정을 모르겠습니까. 사회에선 교육의 성과를 단지 명문대학에 몇 명을 붙였는가로 평가합니다. 또한 그것으로 학교의 서열과 교장의 유·무능이 결판나는 현실에서 누가 교장선생님께 돌을 던지겠습니까?

교장선생님! 그렇기는 해도 제가 앞에서 말씀드린 바와 같이, 21세기는 달라져야 하지 않겠습니까. 총량은 일정한데 누구 몫이 더 크냐의 피 터지는 싸움, 내 학교가 배부르면 이웃 학교는 굶주리게 되는 제로섬 게임에 목을 매고 더 이상 우리 자신을 학대하지 말아야 합니다. 무한경쟁에 시달리는 우리 사회 구성원들은 2만 불에 가까운 국민소득에도 행복하지 못합니다. 스트레스와 박탈감을 견디지 못해 우울증에 걸리는 사람들이 늘어나고 있다지 않습니까. 입시실패나 성적불만으로 자살하는 우리 제자들 소식이 신문과 방송에 종종 보도되지만, 그것은 빙산의 일각이고 소리 소문 없이 상처 입고 시들며 좌절과 절망에 흐느끼는 청소년들이 얼마나 많겠습니까. 제발 입시성과주의 교육의 허상에서 우리를 해방합시다.

5층 구석에 유배장소처럼 팽개쳐진 도서관을 2층 중앙쯤으로 옮겨 학생들이 편하게 드나들도록 하자는 제안에 교장선생님께서는 또 이렇게 대답하셨다지요. 도서관이 어디 있든 그게 뭐 그리 대수냐, 정말로 책을 읽고 싶은 학생이라면 거리가 좀 멀다고 못 갈 것이 무엇이냐고. 2층에 있다고 읽고 5층에 있다고 못 읽는다면, 그런 학생은 책을 볼 자격이 없다고.

맞습니다. 옛날에 우리는 읽고 싶어도 읽을 책이 없어 못 읽었는데, 요새 애들은 배가 부릅니다. 책을 빌려주는 도서관이 학교에 있다는 것만으로도 얼마나 큰 행운인데, 젊은 애들이 운동 삼아서라도 경중 경중 한 달음에 달려가서 빌리면 될 것을 동선이 기니 짧으니 하는 것은 복에 겨운 소리임에 틀림없습니다.

그러나 교장선생님! 50년대 우리가 궁핍하던 시절, 보리밥도 못 먹어 술지게미를 먹고 밀기울을 먹던 일을 생각해 보십시오. 밥투정하는 자식에게 "우리가 네 나이 때는 술지게미와 밀기울도 없어 못 먹었으니 배부른 소리 말아라" 한다면 과연 설득력이 있겠습니까? 국민소득이 100불도 안 되던 시대와 2만 불 시대는 삶의 질적 요구가 다르게 마련입니다. 전후의 비참했던 시절에 어쩔 수 없이 겪은 생활상을 우리 제자들에게 들이댄다고 무엇이 달라지겠습니까?

사서교사 배정이 어렵다면 전담 사서라도 두자는 말에 교장선생님은 이렇게 답하셨다지요. 드나드는 학생도 몇 안 되는데 담당교사만으로도 충분하다, 계약직을 두자면 최소 천만 원은 들 텐데 그게 뉘 집 애 이름이냐고.

교장선생님! 정규수업에 담임에 보충수업까지 맡은 일반교과 선생님이 도서관을 맡아 할 수 있는 일이 무엇이라고 보십니까? 어쩌면 창고지기 수준에서 크게 벗어나지 못할지도 모릅니다. 다행히 독서교육에 열정을 가지고 있는 선생님이니까 이런 불평도 한다고 봅니다. 드나드는 학생이 몇 안 된다고 하셨는데, 그것이 바로 전문 사서를 두어야 할 이유입니다. 사서의 일이 적어도 열 가지는 넘지만, 항상 열린 도서관을 유지한다는 것만도 얼마나 큰 일입니까. 모처럼 그 구석진 곳까지 찾아갔는데 문이 잠겨 있다면, 그것이 두세 번 거듭된다면 그

268

학생이 다시 도서관을 찾을 마음이 들겠습니까. 천만 원이 아깝다고 하셨습니까? 교장선생님의 학교는 학생이 1천 수백 명이나 됩니다. 천만 원이라면 학생 1인당 하루에 2십 몇 원 투자하는 꼴입니다. 정말로 그 정도가 아까울 만큼 도서관이, 사서가 홀대받아도 좋다고 생각하시지는 않겠지요?

존경하는 교장선생님!

일단 불평이 나오기 시작하자, 그분들은 그동안 쌓인 한이 많은 듯 거절당했던 요구의 기억들을 봇물처럼 쏟아내더군요. 예를 들어, 신간도서를 구입하겠다고 하자 있는 책도 다 못 읽는데 무슨 신간이냐며 도서구입비로 책정된 예산마저 편법으로 전용한다는 것이며, 일 년 내내 햇볕이 들지 않는 음습한 도서실을 냉난방 시설과 환기 장치, 조도 상향 조절 등을 갖춘 쾌적한 공간으로 재단장하자고 하자 그런 데 쓸 예산은 없다고 거절하셨다는 것이며, 더구나 정보화시대 운운 하며 디지털 문명이 지배하는 시대에 책을 쌓아두는 도서관에 돈을 쓰는 것은 시대착오라는 말까지 하셨다는 것, 아무튼 서운한 일이 많았던 모양입니다.

학교도서관을 활성화하기 위해서 초기 투자뿐 아니라 지속적으로 예산이 투입돼야 한다는 것은 사실입니다. 그러나 교장선생님께서 결심만 하시면 예산 마련은 그리 어렵지 않습니다. 저는 교장으로 있으면서 예산 한 푼 없는 상태에서 몇 가지 사업을 성공적으로 일구어낸 경험이 있습니다. 교장선생님이 2세 교육을 위해 소신과 진정성을 가지고 추진하시는 일이라면, 교육청이든 지자체든 학부모든 독지가든 임자를 기다리는 돈은 항상 있습니다.

쾌적한 환경을 말하면 호강에 겨운 소리라고 하시겠지요? 그것이 우리 실버세대의 한계 가운데 하나이겠다 싶습니다. 열악한 환경에서 견뎌내는 것도 교육이라고 배웠으니까요. 교장선생님, 5,60년대를 한번 회상해 보십시오. 발 디딜 틈도 없이 승객이 빽빽이 탄 완행열차 3등 칸 통로에 서서 숨도 제대로 쉬기 힘든 처지에서 덜컹거리는 기차를 타고 장거리여행을 해보신 기억이 있으시겠죠? 그 틈을 헤집고 "오징어 땅콩"을 외치며 다니던 강생횐가 홍익횐가 그 판매원들은 왜 그리 자주 오가던지! 그런 기억을 가진 제가 고속철을 타보니, 이게 정말 사람 사는 것이구나 하는 느낌이 들더군요. 사랑스런 우리 자녀들, 그 소중한 제자들을 옛날의 완행열차 3등 칸에 태우시렵니까, 현대의 고속철에 태우시렵니까?

정보화시대, 디지털 문명을 말씀하시는군요. 아날로그 시대는 갔고 그래서 디지털만으로 우리 교육을 만들겠다는 환상에 젖어 있지는 않으시겠지요. 요즘 디지로그라는 말도 생겨났습니다만, 아날로그와 디지털은 양자택일이 아니라 상보적인 것으로 보아야 합니다. 선진국이라는 미국이나 일본의 학교도서관도 어디까지나 종이책이 중심이고 디지털 자료는 제한적이라고 합니다. 디지털 맹신이 도서관 퇴출의 근거가 되는 시대는 어쩌면 영원히 안 오지 않을까 싶습니다.

그보다는 교장선생님! 능력별 반편성이 금지된 상태에서 획일적 일제수업을 하면서 맞춤식 개별학습이나 수월성 추구나 적성개발에 느

270

긴 한계를 생각해 보십시오. 도서관 활성화는 이런 문제를 자기주도적으로 해결할 수 있는 지름길임을 다시 한번 말씀드립니다.

존경하는 교장선생님!

학생들이 밀림 같은 서가 사이를 헤엄치며 각자의 필요와 취미와 적성에 따라 이 책 저 책 고르느라 눈동자가 샛별처럼 반짝이는 모습을 상상해 보십시오. "우리 마을의 작은 도서관이 오늘의 나를 만들었다. 나는 아무리 바빠도 매일 한 시간씩, 주말에는 두세 시간씩 책을 읽는다."고 고백한 컴퓨터 황제 빌 게이츠의 말에 귀 기울이십시오. 쉬는 시간만 되면 우르르 몰려가 책을 빌리느라 북새통을 떠는 애들과, 너무나 바쁘다고 비명을 지르면서도 신바람이 나서 일하는 선생님과 학부모 도우미의 모습을 상상해 보십시오.

교장선생님! 아시다시피 한 기관에서 CEO의 의지와 열정은 크나큰 힘입니다. 교장선생님께서는 그런 의지와 열정을 내장하고 계십니다. 열린 마음으로 보시면 어느 것이 옳고 그른지 모르시지 않을 것입니다. 용기를 내시고, 담당교사와 학부모 도우미를 믿고 격려하십시오. 뜻이 있는 곳에 길이 있다는데 그까짓 것 예산이 문제가 되겠습니까?

내내 건강하시고 좋은 소식 있기를 기대해 보겠습니다.